documenta

Wissen 3000
Herausgegeben von Christina Knüllig

Alfred Nemeczek,
geb. 1933, kam während der documenta 1 (1955) erstmals mit Kunst in Berührung, studierte Kunstgeschichte in Marburg/Lahn und arbeitete als Kulturredakteur für die Magazine »Der Spiegel« und »Stern«. Von 1979–1998 war er stellvertretender Chefredakteur des Kunstmagazins »art«. 1964 Pressesprecher und Katalogredakteur der documenta 3. Lebt als freier Autor in Hamburg.

Alfred Nemeczek

documenta

wissen 3000

Europäische Verlagsanstalt

Inhalt

Mythos documenta

Die Kasseler Ausstellungsserie documenta, gestartet 1955, ist die international wichtigste Plattform für den Diskurs über aktuelle bildende Kunst. Die documenta findet alle fünf Jahre statt und erreichte mit ihren bislang zehn Folgen 3,4 Millionen Besucher.

Unterlassung

»Die Gründerväter der documenta ... versäumten es ..., mit ihrer documenta schlüssig und bündig auf die Fragen zu antworten, welche die Ausstellung ›Entartete Kunst‹ aufgeworfen hatte. Diese Unterlassung ist im Nachhinein vielleicht zu verstehen, aber nicht unbedingt zu billigen.«

Kritiker Walter Grasskamp, 1989

Es kam so, wie es keinesfalls kommen musste: Aus einer in jeder Hinsicht einmaligen Kunstausstellung wurde eine Serie. Aus der Serie wurde eine weltweit beachtete Institution zur kritischen Sichtung zeitgenössischer Kunst. Ihr Name, von Anfang an klein geschrieben: documenta. Und dieser Institution wird mittlerweile so etwas wie ein Mythos nachgesagt.

Zur Welt kam die Ausstellung 1955 in Kassel als öffentlich subventioniertes Begleitprogramm einer Bundesgartenschau. Zum »Mythos« verklärt wurde sie erstmals 1982 auf einem Titelblatt der Zeitschrift »Kunstforum«. Doch bereits damals, kurz vor Beginn ihrer sechsten Folge, hatte sich die documenta als international maßgebendes Forum etabliert. Umstritten und dennoch repräsentativ hob sie die jeweils aktuelle Kunstproduktion der westlichen Welt auf den Prüfstand und garantierte damit den beteiligten Künstlern ein ungewöhnlich großes und zudem kompetentes Publikum.

Schon die erste documenta hatte 134850 Besucher angelockt. Diese Zahl, in nur zwei Monaten erzielt, ist noch immer sensationell. Denn nur wenige Gäste der Ur-documenta kamen aus der Provinzstadt Kassel, deren Einwohner an moderne Kunst nicht gewöhnt waren und in diesen »Spiegel der Zeit« (»Frankfurter Allgemeine Zeitung«) noch nicht blicken mochten. Das Heer der Gartenschau-Besucher musste auf seinem Weg zur Blütenpracht im Auepark zwar am documenta-Gebäude, dem Museum Fridericianum, vorbei, ließ sich aber kaum ablenken. Doch, aktiviert durch meist positive Rezensionen, zeigte stattdessen die Fachwelt skeptische Neugier – europäische und amerikanische Museumsdirektoren, Künstler und Kunstgelehrte, Galeristen, Sammler, Kulturpolitiker, Verleger und Journalisten. Eine Zielgruppe, die bisher nur die Biennale Venedigs – gegründet 1895 – als Weltausstellung der aktuellen Kunst akzeptierte, machte nun zum ersten Mal Station in Kassel.

Und registrierte fundamentale Unterschiede: In Venedig herrschte alle zwei Jahre das Expo-Prinzip. Jede Nation präsentierte in ihrem Pavillon auf dem Biennale-Gelände beliebig viele Kunstwerke, eine Art Gemischtwarenladen, weniger von künstlerischen als von nationalen Interessen bestimmt. In Kassel dagegen herrschte von vornherein ein von Selbstbewerbungen und nationalen Einsprüchen unabhängiges Jury-Prinzip: Zur ersten Kasseler documenta waren weder Staaten noch Künstler oder Künstlerverbände, sondern 670 Kunstwerke eingeladen, in eigener Regie ausgesucht von documenta-Initiator Arnold Bode (1900–1977) und vier seiner Mitstreiter.

Statistik d1–10

		Besucher	Künstler	Werke
d1	1955	134 850	148	670
d2	1959	137 000	326	1770
d3	1964	200 000	298	1414
d4	1968	225 000	150	1000
d5	1972	230 000	222	1056*
d6	1977	355 000	492	1400
d7	1982	380 000	167	740
d8	1987	486 811	412	520
d9	1992	609 235	192	1000
d10	1997	631 000	145	570
1955–1997		3 418 896	2552	10 140

*plus ca. 1500 Dokumente aus parallelen Bildwelten

Auf dieser Basis hat die in Kämpfen und unter Krämpfen zur Institution gereifte Kasseler documenta 47 Jahre und zehn Ausstellungen überstanden; die elfte begann im Juni 2002. Auch von ihrem Kurator, dem in Nigeria geborenen Amerikaner Okwui Enwezor, wird nun erwartet, dass er die Rekorde seiner sechs Vorgänger übertrifft. Denn messbar ist die Erfolgsgeschichte der documenta vor allem an ihren Besucherzahlen, die von Schau zu Schau übertroffen wurden. Bis 1972 kletterten sie auf 230 000, bis 1987 auf knapp eine halbe Million, und nach der deutschen Wiedervereinigung explodierten sie von 609 235 im Jahr 1992 auf 631 000 bei der documenta 10, die 1997 stattfand.

Zusammengezählt ergibt das gut 3,4 Millionen Betrachter, die sich auf der documenta eins bis zehn auf über 10 000 Werke eingelassen haben. Wobei die den Katalogen entnommene Anzahl der Werke nur vage Schlüsse auf den wahren Umfang der Ausstellungen zulässt. Denn mit den Jahren hat sich auch der Werkbegriff gewandelt. Bei den ersten drei documenta-Folgen betraf er noch Bilder, Skulpturen, Zeichnungen und Grafiken. Doch spätestens seit der vierten documenta gab es Installationen, die zwar im Katalog als ein »Werk« erschienen, jedoch oft aus vielen Einzelarbeiten bestanden. Ähnlich verhält es sich mit Foto-Sequenzen, Filmen, Videos und Performance-Auftritten: Das Zählen führt zu Summen, deren Posten sich miteinander kaum vergleichen lassen.

Nicht ganz so heikel ist es bei den Künstlern, obwohl auch sie neuerdings oft als Kollektiv auftreten und im Katalog auf Einzelnamen verzichten. Doch so viel steht fest: Von den 2552 in den Katalogen genannten documenta-Teilnehmern aus maximal 43 Ländern (documenta 9) waren knapp 1200 zweimal auf einer documenta vertreten, 106 sogar dreimal und 38 viermal. Als begehrtester documenta-Künstler war Joseph Beuys siebenmal dabei; je sechsmal ausgestellt wurden Pablo Picasso und Gerhard Richter.

Selbst eine imposante documenta-Statistik begründet noch keinen Mythos. Sie bestätigt aber Etappensiege auf schwierigem Terrain: Denn niemals ging es ja bei der documenta um unangestrengtes Vergnügen. Stets standen in Kassel unerprobte Spiel- und Lesarten einer provokant neuen Kunst zur Diskussion, deren Anspruch selbst Kritiker überforderte: Keine documenta ohne erboste Verrisse, die freilich spätestens bei Bewertung der nächsten Folge relativiert wurden. Ja, damals sah man in Kassel noch Kunst ... Noch die fünfte documenta wurde als »Schwarze Messe« verunglimpft. Und dennoch erwuchs aus dem anfänglichen Zuspruch der Fachwelt im Lauf der Jahre eine Völkerwanderung von kunstinteressiertem, meist jugendlichem Publikum. Auch im Sommer 2002 werden sie wieder staunen – und die Kunst ihrer Zeit erfahren. Vielleicht zum ersten Mal und fürs ganze Leben.

Zunächst reisten vor allem Fachleute aus dem Kunstbetrieb zur documenta und sicherten ihr damit den Anfangserfolg: 134 850 Besucher. Inzwischen zählt die documenta zum Pflichtprogramm kunstinteressierter Laien: Zur documenta 10 im Jahr 1997 kamen über 600 000.

Warum gerade Kassel?

Drei Gründe erklären den Aufstieg der im Zweiten Weltkrieg zerstörten Provinzstadt Kassel zur Kunstmetropole auf Zeit: ihre kulturelle Tradition, eine Gartenschau und der Elan eines mit Visionen und Überzeugungskraft begabten Professors für Malerei – Arnold Bode.

Die Stadt

Einwohner Kassel:

1939	216141
1945	71209
1950	156707
1990	194268
2001	194500

Die Ortsschilder wurden geändert, und das Rathaus bekam neues Briefpapier: Seit dem 19. März 1999 nennt sich Kassel offiziell »documenta-Stadt«. Der Beiname signalisiert Identifikation mit einem der Kulturszene geläufigen Markennamen; eine Antwort auf die Frage, warum die documenta ausgerechnet in dieser mittleren nordhessischen Großstadt reüssieren konnte, ergibt sich daraus nicht. Was inzwischen gern als »Gründungsmythos« zitiert wird, lässt sich am ehesten auf die kulturelle Tradition der über 1000 Jahre alten einstigen Residenzstadt zurückführen. Zu Kassel gehört beispielsweise das Hildebrandslied aus dem neunten Jahrhundert – das älteste literarische Zeugnis in deutscher Sprache. In Kassel berechnete der Schweizer Jost Bürgi um 1620 seine erste Logarithmentafel, experimentierte etwas später der Franzose Denis Papin mit der Dampfkraft und entdeckte Johann Wolfgang von Goethe bei anatomischen Studien den Zwischenkieferknochen der Säugetiere. In Kassel sammelten und schrieben auch die Brüder Jacob und Wilhelm Grimm ihre Kinder- und Hausmärchen.

Vor allem seinen Landgrafen und Kurfürsten verdankt Kassel neben Palästen und weitläufigen Parkanlagen (Karlsaue, Wilhelmshöhe) kulturelle Institutionen, die den Ort bekannt machten – darunter das erste ortsfeste Theater Deutschlands (Ottoneum), die erste Sternwarte Europas und das erste öffentliche Museum auf dem europäischen Kontinent (Museum Fridericianum). Auf Landgraf Karl von

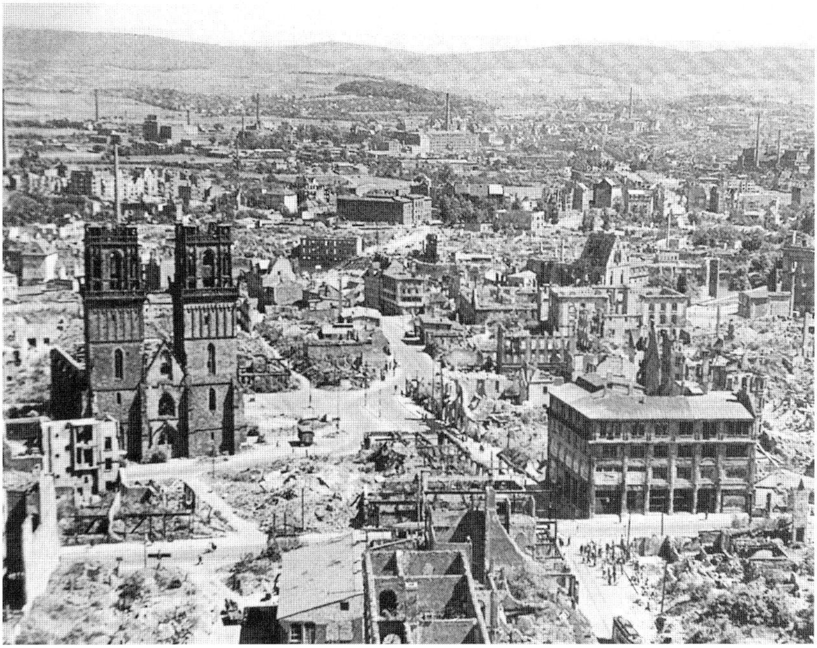

Kassel 1945: Die zerstörte Innenstadt

Hessen-Kassel (1670–1730) geht die von Hugenotten erbaute Oberneustadt, auf seinen Sohn Wilhelm VIII. (1682–1760) eine weltberühmte Gemäldesammlung Alter Meister mit Werken von Rubens, Tizian, Tintoretto und Rembrandt zurück. Sein Nachfolger Landgraf Friedrich II. gründete 1777 die Kunstakademie, an der Arnold Bode zum Zeichenlehrer ausgebildet wurde.

Doch die gab es nicht mehr, als der spätere documenta-Gründervater 1946 aus der Kriegsgefangenschaft nach Kassel zurückkehrte. 40 Luftangriffe – der erste im Sommer 1940, der schwerste im Oktober 1943 und der letzte im März 1945 – hatten die mittelalterliche Altstadt so gründlich ausgelöscht wie die barocke Neustadt. 78 Prozent der Gebäude waren zerstört, denn Kassel war ein Zentrum der Rüstungsindustrie gewesen. Der Wiederaufbau kam weit langsamer voran als in anderen schlimm bombardierten Städten, und das hatte vor allem mit der deutschen Teilung zu tun: Abgeschnitten von ihren Märkten im Osten, geriet die Stadt von der Mitte Großdeutschlands an den so genannten Zonenrand der BRD. Und die »unstrittig schönste Stadt des Nordens« (so ein Reisebericht von 1828) mutierte »zu einer der hässlichsten Städte westlich von Sibirien«, wie 1982 der Kritiker Benjamin H. D. Buchloh übertrieb.

Aus dem Nichts

»Um uns waren Ruinen, und wir suchten etwas, was die Zerstörung überwinden und aufheben könnte. Wir sahen das Museum Fridericianum: ein leeres Gemäuer: wir sahen es wie in einem Spiegel, was kommen könnte, wie eine documenta aussehen könnte: Ein Museum für 100 Tage – ein Forum der Kunst der zwanziger Jahre.«

Arnold Bode 1972

Die Idee

Wie und warum das zerstörte Kassel zur documenta kam? »Wir waren der Meinung«, resümierte Arnold Bode im Jahr 1972, »etwas sagen zu müssen zu den verlorenen Jahren von 1933–45: Erfahrungen und Erinnerungen an die zwanziger Jahre, an die Kunststadt Paris, an Rom, an London, an das Bauhaus, an die Lehrjahre in Kassel, die Arbeitsjahre in Berlin. Die Notwendigkeit, sich wieder zurechtzufinden mit neuen Freunden in Kassel, in Deutschland, in Europa – sich ›zurechtzufinden‹, aber nicht einfach wieder einzurichten – das kam hinzu.«

Zur Keimzelle der Idee wurde die während der Wirtschaftskrise von 1931 aufgelöste und 1947 von Bode mit einigen Künstlerkollegen wiedergegründete Kasseler Kunstakademie. Sie hieß nun »Staatliche Werkakademie«, und Bode war dort Professor für Malerei geworden. Zu seinen prominenten Kollegen gehörte der 1902 geborene Professor für Landschaftsgestaltung, Hermann Mattern. Er war der maßgebliche Planer einer für 1955 in der Kasseler Karlsaue geplanten Bundesgartenschau, von der sich die Stadt einen belebenden Touristenschub nach einem Jahrzehnt erfolgreichen Wiederaufbaus versprach. Mattern, so berichtet der documenta-Historiker Harald Kimpel, erläuterte dem Akademie-Kollegium die Idee zu einer Begleitschau, bei der in einem Zelt auf dem Gartenschaugelände Kunst präsentiert werden sollte, die zum Thema passte. Schon 1951, bei der Bundesgartenschau von Hannover, hatte es so etwas gegeben: »Plastik im Garten und am Bau«.

Bode war davon angetan – und dachte weiter. Er traf sich in Venedig mit dem Kunsthistoriker Werner Haftmann (1912–1999), der gerade ein Standardwerk über »Malerei im 20. Jahrhundert« geschrieben hatte, und verabredete mit ihm eine Retrospektive auf die Kunst der ersten Hälfte des 20. Jahrhunderts. Ihr »breiter Ansatz« sollte laut Haftmann dokumentieren, dass die Nationalsozialisten mit ihrem »sehr seltsam anmutenden Anfall von Bilderstürmerei« die Kontinuität der internationalen künstlerischen Entwicklung zwar zu stören, aber nicht zu verhindern vermocht hatten.

Beide dachten in großen Dimensionen, wobei Bode autobiografisch bei seinem Vorkriegserlebnis der europäischen Kunstmetropolen anknüpfte und der Historiker Haftmann sich exemplarische Ausstellungen der Vergangenheit zum Vorbild nahm – etwa die Kölner »Sonderbund-Ausstellung« von 1912.

Während Haftmann – und bald auch drei andere Mitglieder eines »Arbeitsausschusses« – an Werklisten arbeiteten, legte Bode die organisatorische Basis der von ihm »documenta« getauften Schau. Gemeinsam mit dem Kasseler Museumskustos Herbert Freiherr von Buttlar und dem

Augenmaß

»Wenn wir uns die beiden Männer, denen die Lust am Entwerfen ins Große zielender Gedankenspiele gemeinsam war, beim Rotwein in einer venezianischen Trattoria vorstellen, ihre Träume gegenseitig in immer fantastischere Regionen steigernd, dann könnten wir uns wundern, dass aus den dort und damals errichteten Luftschlössern überhaupt etwas Konkretes geworden ist, erinnerten wir uns nicht jenes anderen im Charakter Bodes verankerten Zuges, der ihn das tatsächlich Realisierbare nie aus den Augen verlieren ließ.«

Zeitzeuge Wieland Schmied im Jahr 2000 über das erste Treffen von Bode und Haftmann

Sachkenntnis

»Das beratende Gremium hervorragender internationaler Sachkenner soll sich folgendermaßen zusammensetzen: die Herren Sandberg (Amsterdam), Cassou (Paris), Schmidt (Basel), Read (London), Baldassari (Mailand), Barr (New York), Curjel (Zürich), Martin (Karlsruhe), Holzinger (Frankfurt), Grohmann (Berlin).«

Brief des documenta-Trägervereins »Abendländische Kunst des XX. Jahrhunderts e.V.« an Ministerpräsident Georg August Zinn (23. Mai 1954)

Bankdirektor Heinz Lemke betrieb er die Gründung eines Trägervereins, dem der pensionierte Kasseler Landgerichtspräsident Erich Lewinsky mit Datum vom 28. April 1954 zügig ins Vereinsregister verhalf. Der schon damals leicht altbackene Vereinsname »Gesellschaft Abendländische Kunst des XX. Jahrhunderts e.V.« war eine Konzession an die aus unterschiedlichen Lagern gekommenen Mitglieder, die laut Kimpel durchaus keinen homogenen »Freundeskreis« Bodes darstellten, sondern mit dem Ausstellungsprojekt auch eigene Interessen verfolgten.

In dem Verein vertrat Kassels Oberbürgermeister Lauritz Lauritzen die Stadt, Regierungspräsident Fritz Hoch das Land Hessen, Mattern die Gartenschau, Intendant Hermann Schaffner das Staatstheater, und Direktor Stephan Hirzel sprach für die Werkakademie. Von den Bundestagsabgeordneten Adolf Arndt (SPD), Ludwig Preller (SPD) und August Martin Euler (FDP) wurde Fürsprache in Bonn erwartet. Kontakt zum Kunstbetrieb hatten neben Bode und Buttlar eigentlich nur die Kritikerin Hilde Römer-Bergfeld von der Zeitung »Hessische Nachrichten«, der lokale Museumschef Hans-Erasmus Vogel und Ulrich Gertz vom Darmstädter Rat für Formgebung. Lemke, Lewinsky und ein Sammler namens Robert Völker waren als Kasseler Kunst- und Bode-Freunde dabei.

Diesen oft zerstrittenen Haufen einte Bode mit einem grandiosen Coup: Er bestimmte die Ruine des 1779 vom hugenottischen Architekten Simon Louis du Ry errichteten frühklassizistischen Museums Fridericianum am zentralen Kasseler Friedrichsplatz zum Schauplatz der Ur-documenta – und setzte in unmittelbarem Kontakt mit dem hessischen Ministerpräsidenten Georg August Zinn (SPD) die provisorische Wiederherrichtung des landeseigenen Gebäudes pünktlich zum Beginn der Ausstellung durch.

Die documenta konnte ihre Idee entfalten, und Bode hatte einen Kasseler Prachtbau vor dem drohenden Abriss bewahrt. Durch Bodes Initiative wurden später auch die Orangerie im Auepark und das Galeriegebäude an der Schönen

Aussicht gerettet: Die vorübergehende Nutzung dieser Ruinen als documenta-Quartier wirkte so überzeugend, dass sich das Land Hessen zum Wiederaufbau entschloss.

In einem an Zinn gerichteten Antragsbrief des Trägervereins werden die Kosten der ersten documenta mit 390 000 Mark beziffert. Davon sollen das Land Hessen 150 000 und der Bund 200 000 Mark übernehmen. Beide tun weniger Geld in den Topf – das Land 100 000 und der Bund nur 50 000 Mark. Aber da auch die Stadt 50 000 Mark zuschießt, einige Spenden fließen und die Kosten etwas geringer ausfallen, gleichen die erheblich über dem Etatansatz liegenden Eintrittserlöse das Manko aus.

Um die Reputation seines Vorhabens zu unterstreichen, rühmt sich der Verein in diesem Brief auch eines »beratenden Gremiums hervorragender internationaler Sachkenner« – von dem später im Katalog keine Rede mehr ist.

Der Gründervater Arnold Bode

Seine Vaterstadt erwies ihm Wohltaten, von denen er nichts hatte. Erst lange nach seinem Tod im Oktober 1977 widmete sie dem documenta-Gründer Arnold Bode eine kleine Straße und stiftete einen Bode-Preis für zeitgenössische Künstler. Vergeblich hatte der am 23. Dezember 1900 in Kassel geborene Maler, Architekt und Designer auf die Ehrenbürgerschaft oder ein sattes Preisgeld gehofft, aber fast immer nur undotierte Medaillen erhalten. Er war nicht geldgierig, träumte aber bisweilen von einem Ausgleich für Opfer, die er für *seine* documenta gebracht hatte.

»Ich musste aus Kassel etwas machen, um nicht unterzugehen.«

Arnold Bode 1977 in einem Interview

Auf der Strecke geblieben war unter anderem Bodes Karriere als Maler, die 1919 an der Kasseler Kunstakademie im Zeichen der damals revolutionären Neuen Sachlichkeit begonnen hatte. Die Nationalsozialisten straften den im Kunstbetrieb aufstrebenden Sozialdemokraten 1933 mit Ausstellungsverbot. Zugleich verlor er seinen Posten als stellvertretender Direktor am Berliner Werklehrer-Seminar, den er 1931 übernommen hatte. Bode ging nach Kassel zurück, malte nur noch »im Dunkeln«, wie er schrieb, und ver-

Widerstand zwecklos

»Wenn ich aus der Erinnerung das Bild Arnold Bodes zeichnen soll, so steht ein kleiner Mann vor mir mit dunkler Brille und quer über die Stirn gekämmtem Haar, wuselig, fast zappelig in seinen Bewegungen, schusselig mit seinen Packen von Papier, Notizen, Skizzen, Entwürfen hantierend, von Ideen rastlos umgetrieben, alles andere als ein Würdenträger oder eine Person, die nur auf Grund ihres Amtes unseren Respekt erheischt. ... Arnold Bode war durch keinerlei Widerstände zu irritieren. Nie ließ er sich entmutigen, durch Fakten schon gar nicht.«

Wieland Schmied, 2000

marktete Fähigkeiten, die seinen zweiten Ruhm begründeten: Für einen Düsseldorfer Abnehmer entwarf er Möbel, die sich gut verkauften, obwohl Bode als Designer anonym bleiben musste. Aber er konzipierte auch schon Ausstellungsarchitekturen und stattete Räume aus; finanziell ging es ihm gut. Im Zweiten Weltkrieg, den er von 1939 an als Soldat mitmachen musste, verbrannte 1944 mit der Kasseler Wohnung fast sein gesamtes Œuvre. Der Maler Arnold Bode hat sich von diesem Verlust nie mehr erholt. Zwar gab es bald nach Kriegsende wieder Bilder von ihm – sehr kraftvolle sogar –, aber kaum Ausstellungen. Mehr als seine künstlerische Entwicklung interessierte ihn nun die Wiederherstellung menschenwürdiger Verhältnisse in der geliebten Stadt Kassel. Und die war nicht nur zerstört, sondern inzwischen auch kulturell verödet. Sogar ihre 17 Rembrandt-Gemälde fehlten; sie waren ausgelagert nach Wien.

In dieser Stunde null, das spürte er, waren Überzeugungskraft, Pragmatismus und Organisationstalent wichtiger als wohlkomponierte Gemälde. »Um nicht unterzugehen« (Bode), griff er also wieder zu den Mitteln, die ihm in der Nazizeit das Überleben gesichert hatten, und empfahl sich der westdeutschen Nachkriegsindustrie als Designer und Dienstleister. Der Quereinsteiger baute Messestände für große Firmen und entwarf ihnen auch Möbel, Plakate, Kartonagen und Tapeten, außerdem Muster für Linoleumbeläge, Dekorfolien und Stoffdruck.

Rückschlüsse auf Bodes damalige Auftraggeber erlaubt die Spenderliste der ersten documenta: Er arbeitete für Siemens, AEG, Bayer-Leverkusen, die Eternit AG sowie für die Göppinger Kaliko- und Kunstlederwerke und gewann diese Firmen auch als Förderer.

Bodes Abstecher auf das Terrain der so genannten angewandten Kunst qualifizierte ihn beinahe zwangsläufig für eine Managerrolle im neuen westdeutschen Kulturbetrieb. Durch seine vielen Reisen, auf denen er ja auch Kunstausstellungen sah, durch seine Kontakte zu Leuten der Wirtschaft, Politikern und Journalisten war der eloquente, quir-

Arnold Bode 1959 (vor dem »Gemälde Nr. 32« von Jackson Pollock)

lige Professor vor allem in Kassel schon vor der ersten documenta zu einer Institution geworden, bei der sich während des allmorgendlichen Telefonmarathons viele Informationen vernetzten.

Sein Informationsvorsprung, gepaart mit taktischem Geschick und untrüglichem Gespür für das jeweils Erreichbare, machte ihn zur Autorität, gegen die im Vorfeld der ersten documenta jeder Widerspruch nahezu sinnlos war. – Damit ist die Ausgangsfrage zumindest teilweise beantwortet.

Glückliches Kassel

»Bode ... erreichte Ziele, indem er über sie hinausging. Er war der geborene Unruhestifter, wozu auch gehörte, dass er Niederlagen schnell und restlos aus seinem Bewusstsein tilgte. Das war seine Lebenslist, seine Überlebenslist. Er begann immer wieder von vorne, mit einer neuen Idee im Kopf, mit einem neuen Projekt. Seine Heimatstadt Kassel hatte das Glück, mit ihm geschlagen zu sein. Es versteht sich, dass das ein zwiespältiges Glück war.«

Kritiker Lothar Orzechowski, 1986

Warum die documenta gerade im kleinen, abgelegenen Kassel zur Welt kam? Schon aus Mangel an sachkundigen Gegenspielern gab es hier keine Debatte, an der das ehrgeizige Wagnis auch hätte scheitern können. In jeder Metropole wäre der Instanzenweg wohl länger gewesen, die Zahl der Beteiligten höher; Kassels Provinzialität erwies sich ausnahmsweise als Vorteil.

Und so wurde Arnold Bode zu einem Matador mit Fortüne, der die documenta in Gang brachte, sie zur Institution ausbaute und ihren Bestand festigte, indem er mit fast napoleonischem Elan die drei ersten Ausstellungsfolgen inhaltlich, organisatorisch, personell und logistisch jeweils mit dem Stempel einer Bode-documenta versah.

Schon im Vorfeld der documenta 4, nach einem Jahrzehnt stolzer Erfolge, begann sein Einfluss zu schwinden. 1972, bei der documenta 5, verlor er seine Chef-Position, und im Katalog der documenta 6 wurde er lediglich als Komitee-Mitglied ohne Funktionen genannt. Damals war Bode 76; seine Energie und seine Fähigkeit, nach vorn zu denken, Visionen und Pläne zu entwickeln, hatten nicht nachgelassen. Noch immer wollte er das Beste für die documenta und seine Stadt. Eine »documenta urbana« mit realisierter Architektur schwebte ihm vor und auch ein Umbau der Innenstadt zur Kulturzone. Stark abgenommen hatte jedoch seine Kompetenz als Experte für aktuelle Kunst. Ein quasi natürlicher Vorgang, aus dem Mitstreiter der ersten Stunde ihre Konsequenzen zogen. Weil sie – wie Bode – die aufkommenden Richtungen Pop-Art, Minimal Art oder Arte Povera nicht mehr als Kunst akzeptieren konnten, zogen sich Berater wie Werner Haftmann, Werner Schmalenbach und der Maler Fritz Winter 1968 von der documenta zurück.

Bode aber nahm seinen tragischen Realitätsverlust nicht wahr und blieb. Auch weil er bleiben musste. Denn der internationale Kunstbetrieb kannte, befragte und verehrte weiterhin nur *einen* Mr. documenta. Und der hieß Bode.

Die Premiere 1955

Das Sekretariat unter der Leitung des Vereinsmitglieds Herbert von Buttlar hatte ganze Arbeit geleistet. Als die erste documenta am 15. Juni 1955, einem Freitag, in Kassel eröffnet wurde, waren nicht nur die 670 Kunstwerke an ihrem Platz. Im Katalog verhieß auch ein »Ehrenausschuss«, bestehend aus Kassels Oberbürgermeister und Hessens Ministerpräsident, je drei Bundes- und Länderministern sowie den Botschaftern von neun der mit Künstlern beteiligten Nationen, hochrangigen Rückhalt. Das passte zum gravitätischen Habitus der veranstaltenden »Gesellschaft abendländische Kunst des XX. Jahrhunderts« und nützte dem Ereignis, für dessen »Protektorat« sich zudem Bundespräsident Theodor Heuss hatte gewinnen lassen.

Doch ihren überraschenden Erfolg bei Kritik und Publikum verdankte die Ur-documenta weniger ihrem kunstsinnigen Schirmherrn noch den Vorschusslorbeeren auswärtiger Exzellenzen, sondern einer nahezu idealen Symbiose von Konzept, Realisation und Vermittlung.

Der vom Arbeitsausschuss geplante Gang durch die Kunststile und Richtungen der ersten Hälfte des 20. Jahrhunderts – Kubismus, Expressionismus, Futurismus, Neue Sachlichkeit, Surrealismus, Pittura Metafisica, geometrische und malerische Abstraktion, außerdem »naive« Malerei – diente vor allem der Inventur: Das alles also hatte die Moderne zwischen 1905 und 1955 geleistet. Äußerst folgerichtig, betonte der Vordenker Werner Haftmann, habe sich in dieser Jahrhunderthälfte ein geistiger Fortschritt ereignet, von dem Künstler und Publikum in Deutschland durch

Trostlos

»Es sah trostlos aus; die Jüngeren brachten kaum noch eine Vorstellung mit, wie die Kunst vor 1933 ausgesehen hatte, und die Älteren waren durch die persönlichen und allgemeinen Schicksale vergrämt. Wer damals gesagt hätte, Deutschland werde in zehn Jahren wieder ein gesundes und aktives Kunstleben haben, hätte keinen Glauben gefunden.«

Kritiker Will Grohmann, 1958

politische Willkür zwölf bittere Jahre lang ausgeschlossen blieben.

Eher dezent erinnerte er im Katalog an »äußerstes Unrecht«, an eine »Verfemung«, die aber »der modernen Kunst und den Künstlern selbst« nicht geschadet habe. Die barbarische Beschlagnahmeaktion »Entartete Kunst«, aus der zwischen 1937 und 1941 die gleichnamige Ausstellung resultierte, ließ Haftmann unerwähnt. Sie hatte 3,2 Millionen Besucher gehabt, war damit die höchst frequentierte Tournee moderner Kunst des 20. Jahrhunderts gewesen und hätte zumindest genannt werden müssen.

Angekommen

»Die documenta 1 deckte ... einen Nachholbedarf ab. Sie trug Informationen über die Kunst des 20. Jahrhunderts nach, die durch Nazibarbarei und Krieg verschüttet, im Aufbaufieber der Nachkriegsjahre zu kurz gekommen waren. Sie bot keine Abenteuerfahrt in die Gegenwart, sondern eine kunsthistorische Bildungs- und Erlebnisreise in die Vergangenheit – eine Vergangenheit allerdings, die immer noch nicht in der Gegenwart angekommen war. Für viele wurde sie erst durch die documenta in das Jahr 1955 geholt.«

documenta-Kurator Manfred Schneckenburger, 1983

Angesichts der erst zehn Jahre zuvor überwundenen Nazi-Diktatur erhielten dennoch viele deutsche Besucher auf dieser documenta die erste konkrete Information über das wahre Ausmaß der seinerzeit vereitelten Chancen. Das Publikum stillte einen Nachholbedarf, der ihm oft wichtiger war als die kunsthistorische Bilanz. Der Gedanke an Wiedergutmachung ließ sich danach nicht länger verdrängen.

Die Realisatoren der Ur-documenta konnten aus dem Vollen schöpfen. 162 internationale Leihgeber erfüllten fast alle ihre Wünsche, darunter der Dichter Gottfried Benn, der eine Büste auslieh, und das New Yorker Museum of Modern Art, das fünf Hauptwerke von Pablo Picasso, Carlo Carra, Henri Matisse, Piet Mondrian und Giorgio de Chirico einer geflickten Ruine ohne Heizung und Luftbefeuchter anvertraute. 139 Arbeiten, übrigens, kamen farbfrisch direkt aus den Ateliers der eingeladenen Künstler. Leicht unterrepräsentiert waren der Surrealismus und die kubistische Plastik; deutlich überrepräsentiert dagegen die in Deutschland und Italien arbeitenden Maler.

Den größten Anteil an der Vermittlung eines überwältigenden Gesamteindrucks aber hatte die Inszenierung der documenta in den insgesamt 5000 Quadratmeter großen Sälen und Kabinetten des Fridericianums. Souverän Regie im unverputzten, weiß gekalkten Ziegelgemäuer führte Arnold Bode. Mit schwarz gestrichenen Latten, Punktstrahlern, Lichtbrücken, Heraklith-Dämmplatten, selbst entwor-

Abb.: d2 – Bronzeskulptur »Die zerstörte Stadt« (1951/53) von Ossip Zadkine

»Es gibt glückhafte Weltmomente, in denen der Nebel sich teilt und die Sicht sich weitet. Hier schien ein solcher Moment erfüllt.«

Kritiker Albert Schulze-Vellinghausen 1955 über die d1

»Die documenta Nr. 1 befriedigte den Nachholbedarf. Es war, als würden in einem Gefängnisbau wandhohe Fenster eingebaut.«

Publizist Erich Kuby 1972 im Magazin »stern«

fenen Ruhebänken und faltenreichen Kunststoffbahnen, die das Tageslicht filterten, mit eisernen Winkeln, die Bilder von der (womöglich feuchten) Hauswand lösten, improvisierte er geradezu magische Räume mit 1,2 Kilometern Hängefläche. »Wunderbare Klarheit und festliche, fast tempelhafte Sammlung und Stille« registrierte ein Kritiker der ersten Stunde.

Doch bringen Maße und Zutaten die Substanz dieser faszinierenden Innenarchitektur nur unvollkommen auf den Punkt. Ihr Zauber beruhte auf einem Ordnungsprinzip, das Bode von Paul Klees Begriff des »bildnerischen Denkens« abgeleitet hatte. Er nannte es »visuelles Begreifen«. Gemeint war damit ein Zustand, der das rein intellektuelle, »geistige Begreifen« (Bode) durch eine Inszenierung übertreffen wollte, die jedem Kunstwerk einer Ausstellung seinen einzig möglichen, optimalen Ort zuwies. Das nannte Bode dann »die zweite Ordnung der Dinge«. Nur ein Künstler konnte sie herstellen. Nur ein Künstler wie Bode, für den Kunstwerk und Raum eine Einheit bildeten, die in der Praxis immer wieder neu definiert werden musste. Malte er also »mit den Werken anderer Maler«, wie ein Künstlerkollege meinte? Manfred Schneckenburger, einer der Bode-Nachfolger, widersprach: »Seine Inszenierung zielte auf kein Gesamtkunstwerk, sondern auf den besseren, direkteren Zugang zur Kunst.«

Am Schlusstag der d1 verkündete Buttlar die Zahl von 134 850 Besuchern, darunter Schirmherr Heuss und »Künstler, Kunsthistoriker, Kritiker, Sammler und Händler aus aller Welt«. Sie hatten, bemerkte eine Kritikerin, »das bedeutendste künstlerische Ereignis in Deutschland« auch zu einem »der lebendigsten gesellschaftlichen Ereignisse nach dem Kriege« gemacht. Noch stärker fiel ins Gewicht, dass die Kritik dem »großartigen, mit Energie und Kenntnis unternommenen Versuch« nahezu einhellig »europäischen Rang« (»FAZ«) attestiert, die Auswahl gelobt und das Arrangement der Werke als »Meister- und Musterbeispiel moderner Ausstellungstechnik« (Kritiker Ulrich Seelmann-Egge-

d1 – Großer Malereisaal im Museum Fridericianum 1955

bert) begriffen hatte. »Die documenta«, schrieb Doris Schmidt in der »Frankfurter Allgemeinen«, »gehört zu den großen Ereignissen, an die man sich sein Leben lang erinnern wird.«

Der Sieg über Venedig

»Als Bode 1956 selbstbewusst und erfolgsbestätigt für die Fortführung seiner Konzeption wirbt, verspricht er seiner Heimatstadt nichts Geringeres als die Schaffung einer Institution, aus der schon bald in Deutschland eine der Biennale gleichrangige Einrichtung entstehen könnte.«

documenta-Historiker Harald Kimpel, 1997

Im documenta-Jahr 1955 fand in Venedig keine Kunst-Biennale statt; erst 1956 war die nächste fällig. Gnädig bewahrte so der Kalender das Kasseler Team vor einem Vergleich, bei dem es nur verlieren konnte. Denn der 1895 gegründeten Weltschau in den Giardini Pubblici hatte die documenta weder Tradition noch Größe entgegenzusetzen. Sie wagte ein Experiment, und niemand dachte an Konfrontation. Doch als die Kasseler Ausstellung im – wiederum Biennale-losen – Jahr 1959 ihre Neuauflage erlebte, stellten Kritiker die Systemfrage: Welches Prinzip informiert besser über aktuelle Kunst – die Nationen-Revue von Venedig mit ihrer Addition von Einzelausstellungen in den Pavillons der Länder oder die auf ein internationales Panorama bedeutender Werke fixierte Jury-Diktatur von Kassel?

»Die documenta mit ihrem Vier- bis Fünfjahresrhythmus«, gab Franz Schulze von der »Chicago Daily News« 1964 zu bedenken, »ergibt mehr Sinn als die Biennale mit ihrem rigiden Zweijahrestakt. Angesichts unserer babylonischen Kunst-Orgien versprechen mir 1500 sorgfältig ausgesuchte Werke in Kassel allemal mehr Substanz als 2915 Werke in Venedig.«

Damit lagen alle Argumente für den Sieg der documenta über die Biennale auf dem Tisch, spätere Analysten konnten sie nur wiederholen: In Venedig gab es die konkurrenzlos ausufernde Fülle (und sogar Geldpreise für Künstler und Pavillons), aber keine übergreifende Ordnung; in Kassel regierte zumeist ein strenges Konzept, das außerdem mehr Besucher erreichte. Zeitgleich veranstaltet wurden Biennale und documenta erstmals 1964, was eine von Vernissage zu Vernissage pendelnde Fachklientel geradezu lustvoll akzeptierte.

Zur quasi offiziellen Kapitulation der Venezianer kam es bei einem Kasseler Kongress, der 1999 einem Vergleich beider Institutionen gewidmet war. Freimütig artikulierten dort italienische Experten Neid auf die Kasseler Konkurrenz, präsentierten aber auch einen Hoffnungsträger: Als neuer Biennale-Direktor wollte der Schweizer Harald Szeemann, einst Generalsekretär der documenta 5, »dieser alten Mutter aller Biennalen« nun wieder »starke Brüste« verschaffen. Zweimal kombinierte er darum das venezianische Nationenprinzip mit einer Art Mini-documenta, deren Werke er allein auswählte und in einem dem Biennale-Park benachbarten historischen Werftgelände inszenierte.

Der frühe Sieg der documenta über die Biennale stabilisierte den Kreis um Arnold Bode und war somit vor allem intern von Bedeutung. Denn Publikum und Kasseler Kommunalpolitik nahmen ihn seinerzeit nur am Rande zur Kenntnis.

Zufallsgenerator

»Jedes Land verantwortet nur seinen eigenen Beitrag zur Biennale. Für den Gesamteindruck ist niemand verantwortlich. Eine künstlerisch ›gelungene‹ Biennale wäre Zufall, und Zufall ist auch das Misslingen.«

Kritiker Alfred Nemeczek, 1962

Die erste documenta, veranstaltet von einem privaten Verein, informierte erstmals nach 1945 umfassend über die von den Nazis verfolgte Kunst der Moderne. Idee und Inszenierung waren sogar der 1895 gegründeten Biennale von Venedig überlegen.

Unterwegs zum »Museum der 100 Tage«

Allmählich wurde aus dem Anfangserfolg der documenta eine Institution, von der sich die Stadt Kassel seit 1977 nicht mehr trennen will. Bis dahin herrschten allerdings im Rathaus erbitterte Kämpfe um Geld und Kompetenzen.

Große Chance – große Last

Spitzenkräfte
Kasseler Oberbürgermeister an der Spitze des Aufsichtsrats der documenta-GmbH: Lauritz Lauritzen, SPD (d2); Karl Branner, SPD (d3–d5); Hans Eichel, SPD (d6–d8); Wolfram Bremeier, SPD (d9); Georg Lewandowski, CDU (d10 & d11)

Der geglückte documenta-Start beruhte nicht auf kulturpolitischem Kalkül. Eher zufällig hatten sich Bodes Energie, Haftmanns fachliche Autorität und die lokale Gunst der Stunde zu einer Erfolgsgeschichte summiert, von der Kassel überrascht wurde. Und so war die documenta unterwegs zur Institution, ehe sich Bürger oder Kommunalpolitiker darüber klar werden konnten, ob sie so eine schwierige Ausstellung auf Dauer überhaupt haben wollten. Hätte es in den fünfziger oder sechziger Jahren eine Abstimmung oder auch nur eine Bürgerbefragung über die Akzeptanz moderner Kunst gegeben – sie wäre negativ ausgefallen.

Die erste Neuauflage im Jahr 1959 gelang im Sog der Ur-documenta: Der Kreis um Bode drängelte, verwies auf sensationelle Ergebnisse, und angesichts des Erfolges fehlten der Stadt für eine Ablehnung des Wiederholungskonzepts schlicht die Argumente. Immerhin sicherte sie sich Einfluss auf die Verwendung ihrer Zuschussgelder, die diesmal bereits 250 000 Mark betrugen. Schon bei der Vereins-documenta von 1955 war die Stadt pro forma als »Veranstalter« genannt worden; das wollte sie künftig auch de jure sein. Kassel bestand auf Gründung einer Träger-GmbH, übernahm darin die Mehrheit des Gesellschafterkapitals (19 400 Mark) und rückte die künstlerische Seite organisatorisch ins Abseits. Denn als einziger privater Mitgesellschafter durfte Bodes Malerkollege Fritz Winter gerade mal 600 Mark einbringen. Bei der dritten documenta bot Kassel dann dem Land Hessen die Hälfte aller GmbH-Anteile an, doch die Regierung in Wiesbaden verzögerte ihren Einstieg so lange, dass die für 1963 geplante Schau um ein Jahr verschoben werden musste. Dennoch ließ die Stadt nicht locker. Zum einen hatte Hessens Ministerpräsident Zinn schon bei der d2-Eröffnung die documenta zur »Institution« erklärt und ihr Förderung zugesichert. Und zweitens begann sich – finanziell gesehen – die documenta als Vabanquespiel zu entpuppen, dessen Risiken es zu mindern galt. Die documenta verbrauchte mehr Geld, als sie durfte. So hatte die von Bode auf drei Schauplätze ausgedehnte documenta 2 (Fridericianum, Orangerie, Bellevueschloss) gegenüber der ersten die Zahl der ausgestellten Werke mehr als verdoppelt. Resultat: ein Defizit in Höhe von etwa 250 000 Mark. Und schon rund 400 000 Mark Verlust waren am Schluss der dritten documenta zu verzeichnen.

Regresspflicht

»Es muss auch in Zukunft derjenige persönlich in Regress genommen werden, der die künstlerische Freiheit verwechselt mit einer absoluten Freizügigkeit hinsichtlich der Verpflichtung des Steuerzahlers.«

Rolf Lucas (CDU) 1964 im Kasseler Stadtparlament

Das Manko auszugleichen, also Geld aus Steuermitteln nachzubewilligen, war Aufgabe der GmbH, deren städtische Vertreter sich durch Erfolgsmeldungen – immer mehr Zuschauer, immer mehr verkaufte Kataloge und ein immer größeres, meist positives Medienecho – nicht an Äußerungen des Unmuts hindern ließen, die nur einen Schluss erlaubten: In der Frühphase der documenta, bis zum Jahr 1977, begriff die Stadt Kassel ihre documenta nicht als einmalige Chance, sondern als Bürde, die sie jederzeit gern wieder abgeworfen hätte.

Im Kasseler Stadtparlament tat sich vor allem der CDU-Fraktionsvorsitzende Rolf Lucas mit Schmähreden hervor. Schneidig plädierte er für eine populistische documenta; denn: »Kunst kommt immer noch – so wie das Volk sie sieht – von ›Können‹.« Lucas wollte Bode, dessen documenta-Honorar gerade mal 2000 Mark pro Monat betrug, sogar »persönlich in Regress« nehmen – eine Drohung, der 1972 auch Bodes Nachfolger Harald Szeemann nicht entging. Voreilig wurde Szeemanns documenta 5 ein Defizit in

Millionenhöhe angelastet, für das er aus eigener Tasche aufkommen sollte. Nach einem Protest der »Internationalen Kunstausstellungsleitertagung« machte die documenta-GmbH ihre (in der Schlussbilanz auf rund 300 000 Mark geschrumpfte) Forderung dann aber doch nicht geltend.

Erbost

»Wir protestieren dagegen, dass Harald Szeemann als künstlerischer Leiter der documenta 5 für ein Defizit von DM 800 000 bis 1 000 000 – so die Presseberichte – verantwortlich gemacht wird. Nach unserer Meinung diskreditieren diese Berichte nicht nur Herrn Szeemann persönlich, sondern auch die documenta.«

Internationale Kunstausstellungsleitertagung im Dezember 1972 an OB Karl Branner

Es blieb nicht bei bösen Reden und angedrohten Sanktionen. Bis zur documenta 6, die erstmals einen hauptamtlichen Geschäftsführer beschäftigte (und zwar ausgerechnet den zitierten Rolf Lucas), stellte der nunmehr organisatorisch allein maßgebende Aufsichtsrat der GmbH jede neue documenta eher obstruktiv als konstruktiv auf wacklige Beine.

So wurde bis 1977 die Infrastruktur jedes Mal komplett beseitigt: Nach Entlastung der stets nebenamtlichen und kunstfremden Geschäftsführer musste sich auch das Sekretariat auflösen; Akten und Mobiliar kamen in die Abstellkammer. Danach verließ man sich auf den Motor Bode, der in seiner Wohnung ohne Auftrag einen vorläufigen Arbeitsausschuss versammelte und sich nach einer Reihe privat finanzierter Sitzungen mit einem Konzept dem Aufsichtsrat als Bittsteller nähern durfte. Noch heute gibt allein der Aufsichtsrat das Okay zu einer documenta und beruft ohne Eile die künstlerische Leitung.

Tatkraft

»Ich war sechs Monate ohne Geschäftsführer. Da habe ich halt die Verträge selber unterschrieben, weil der Aufsichtsratschef Branner es nicht tun wollte.«

Harald Szeemann, November 2001

In der Frühphase verging bis zur Billigung von Programm und Etat stets zu viel Zeit, die dann für eine planvolle Vorbereitung fehlte. Und da auch der öffentliche Zuschuss jedesmal unter das beantragte Limit gedrückt wurde, startete bis 1977 jede documenta zu spät, zu knapp finanziert, mit zu wenig Personal und mit dem absehbaren Zwang, kurz vor der Eröffnung zu improvisieren – koste es, was es wolle. Also addierten sich Zeitdruck, Kargheit der Mittel und hausgemachte Pannen am Schluss zu vermeidbaren Fehlbeträgen im Etat.

Was dem Aufsichtsrat übrigens irgendwie recht gewesen sein muss, wie aus einem Vermerk der mit Überprüfung der d3-Finanzen beauftragten Deutschen Revisions- und Treuhand AG hervorgeht. »Als noch vor Eröffnung der Ausstellung die Mittel des Wirtschaftsplanes aufgebraucht waren«, heißt es dort, »trat der Aufsichtsrat nicht einmal zusammen.«

Wer zahlt, hat nichts zu sagen

So grotesk das Gerangel um die documenta-Finanzen im Rückblick auch wirken mag – in der Frühzeit war es unausweichlich, ja geradezu die Sollbruchstelle. Denn die Satzung der GmbH verpflichtete den Ausstellungsleiter zwar zur strikten Einhaltung des Haushaltsplans, garantierte ihm andererseits jedoch absolute Freiheit in allen künstlerischen Entscheidungen. Die Politik sollte und wollte sich in die Belange der Kunst nicht einmischen. Institutionalisiert war mit dieser demokratischen Spielregel freilich auch eine Grauzone zwischen Etatdisziplin und geistiger Autarkie, deren Grenzen ein Taktiker wie Arnold Bode zu Gunsten seiner Ausstellungsidee verschob, wo er nur konnte.

Als Beispiel sei eine prekäre Situation geschildert, die sich 14 Monate vor Eröffnung der documenta 3 ergab. Schauplatz ist das Kasseler Rathaus. Dort befasst sich der Aufsichtsrat mit Bodes Mitteilung, dass der Etat in Höhe von 1,4 Millionen Mark aus künstlerischen Gründen schon so gut wie aufgebraucht sei – ein Minus von 250 000 Mark sei bereits jetzt wahrscheinlich. Reaktion: gute Ratschläge. Er möge doch sparen, hört Bode. Nein, das passe ihm nicht. »Professor Bode«, steht im Protokoll, »lehnt diesen Vorschlag als Eingriff in die künstlerische Konzeption ab.«

Bodes Gegenattacke: Der Aufsichtsrat möge doch den Eintrittspreis von vorgesehenen vier auf fünf Mark heraufsetzen, was rund 100 000 Mark mehr einbrächte. Antwort: nein. »Heute finden mehr Ausstellungen als früher statt«, sagt einer der Aufsichtsräte, »so dass es riskant wäre, die Eintrittsgelder zu hoch anzusetzen.« Bode fühlt sich dennoch stark. Im Vorfeld dieser dritten documenta hat er den einstigen Arbeitsausschuss neu definiert und für die künstlerische Realisierung der Schau einen so genannten »documenta-Rat« gebildet, dem außer Kunstexperten auch inte-

Verzicht

»Bund, Land, Stadt haben zwar Zuschüsse zur Finanzierung geleistet, aber nie ... auch nur den geringsten Einfluss zu nehmen versucht. Hier ist der erstaunliche und beispielgebende Fall eingetreten, dass die öffentliche Hand die freie Initiative einiger weniger unterstützte und ihnen die freie Hand ließ, ihre Idee zu verwirklichen.«

Werner Haftmann, Katalog documenta 3 (1964)

ressierte Politiker angehören. Gelassen setzt Bode nun auf den Faktor Zeit. Während der Aufsichtsrat sich noch stur gibt, hat der documenta-Rat bereits viele Kunstwerke ausgewählt, bestellt, teuer versichert und Transportverträge abgeschlossen. Und immer näher rückt der *Point of no return*, der Augenblick, in dem es teurer wird, eine kostspielig begonnene documenta 3 zu stoppen, als hinterher ihr Defizit zu tilgen.

Art sells

»Zum ersten Mal trat [1964] auch der wirtschaftliche Aspekt der documenta sichtbar in Erscheinung. Die Ausstellung wurde ein Verkaufsvehikel. Die documenta Foundation bot ... Unikate sowie Druckgrafik an: eine Vermischung von Ausstellung und Geschäft.«

Kurator Manfred Schneckenburger, 1983

Ahnungslos stellt der Aufsichtsrat dem ungebärdigen, scheinbar maßlosen Macher Bode die Gretchenfrage: Verpflichten Sie sich, ja oder nein, mit dem Etat von 1,4 Millionen Mark, diese dritte documenta zu machen? Bode zögert. Dazu müsse er erst den documenta-Rat befragen. Dessen – zustimmendes – Votum übermittelt er dann Wochen später, als es kein Zurück mehr gibt.

Aber die Sitzung geht weiter und befasst sich mit Bodes Antrag, schon jetzt zusätzlich Geld für die angemessene Inszenierung einer umfangreichen Skulpturenabteilung vor und in der Orangerie-Ruine zu bewilligen. Reaktion: Gretchenfrage Nummer 2. Sei Bode notfalls bereit, die bereits ausgesuchten Skulpturen aufzustellen, »auch wenn es nicht gelingen sollte, zusätzliche Mittel für die aus künstlerischen Gründen an sich notwendige Präsentation zu bewilligen?« (Protokoll).

Wider bessere Absicht sagt Bode ja; denn er hat noch einen Joker im Ärmel. Schon seit Monaten bemüht sich ein Mitglied des documenta-Rats erfolgreich um eine Künstlerspende. Ausgewählte documenta-Teilnehmer stiften Grafiken und kleine Skulpturen, die während der dritten documenta den Besuchern zum Kauf angeboten werden sollen. Spontan wird ein Verein mit dem Namen »documenta Foundation e.V.« gegründet. Er beschafft einen Kredit auf das zu erwartende Ergebnis der Benefizaktion. Bode kann nun über 180 000 Mark für die Ausstattung seiner Skulpturenschau verfügen und hat den Aufsichtsrat mal wieder ausgetrickst. Wer die Kunst bezahlt, darauf verlässt er sich, hat ihr noch lange nichts zu sagen.

Friedrichsplatz während der d2 im Jahr 1959

Was Bode dabei übersah: Ganz ohne Zähneknirschen beugt sich kein noch so demokratisches Gemeinwesen dieser Maxime. Und so machte sich Arnold Bode, den seine Freunde schon mit den absolutistischen Landgrafen verglichen, unter den Stadtvätern seiner Heimatstadt eine Menge Feinde, die nur auf seine ersten Fehler warteten. Die unterliefen ihm dann reichlich bei der documenta 4, mit der sein Abstieg begann.

»Mein Vater glaubte an die Verbesserung der Zustände durch ästhetische Eingriffe.«

Kritiker Peter M. Bode im Kunstmagazin »art« (6/1997)

Doch Bode war kein Opportunist; er suchte Aufgaben, die seinem Temperament und seinen Fähigkeiten entsprachen. »Sein erster und elementarer Antrieb«, schrieb der Kasseler Kritiker Lothar Orzechowski, »war der der Notwehr. Zu seinen Lieblingswendungen gehört die Frage: Wie soll man denn sonst überleben?« Seinen Status als Künstler verstand er als Lizenz zur Einmischung. Und wenn es galt, anderen ihr Glück aufzuzwingen, manipulierte der privat eher gutmütige Mahner und verschwenderisch großzügige Gastgeber auch schon mal die demokratischen Regeln.

Ungefragt bombardierte er etwa das Rathaus mit Plänen und Modellen, die den Umbau der Kasseler Innenstadt zum Kulturforum vorsahen, wobei er per Blaupause gewachsene Institutionen auflöste, umwandelte oder kühn verpflanzte – ohne auch nur einen Gedanken an die politische Durchsetzbarkeit seiner Utopien zu verschwenden. Sie kamen dann auch ohne Diskussion in die Asservatenkammer des Baudezernats und sind heute im Kasseler documenta-Archiv zu betrachten, das Bodes planerischen Nachlass hütet.

Ganz ohne Auftrag erfand Bode aber auch für seine documenta 3 einen Untertitel, der mehr als Gold wert war: Er nannte sie das »Museum der 100 Tage« und brachte damit den Slogan zur Welt, mit dem Kassel die documenta bis heute medienwirksam vermarktet. Sehr zum Verdruss der Bode-Nachfolger, denen der Museumsbegriff längst nicht mehr ins Konzept passt.

Die Entdeckung des Standortfaktors

Arme Stadtväter. Erbittert debattierten sie im Kasseler Feierabendparlament über Sinn und Zweck einer elitären Kunstveranstaltung internationaler Exzentriker und Geschäftemacher, die sich wiederholt in ihren Mauern breit machte und den Bewohnern der Stadt angeblich nichts zu bieten hatte außer finanziellen Lasten. Verloren waren nicht nur die Zuschüsse für die von einem verrückten Professor angezettelte documenta. Auszugleichen, und zwar mit dem sauer verdienten Steuergeld der Bürger, waren zudem Defizite, verursacht von Szenetypen, die es mit dem Griff in fremde Kassen offenbar nicht so genau nahmen. »Wir erwarten«, so warnte noch Anfang 1964 der damalige SPD-Fraktionschef Holger Börner im Hohen Haus, »dass die Maßstäbe künstlerischer Großzügigkeit sich nicht auf den Spesenetat übertragen.«

Doch bereits damals bescherte die documenta der Stadt Kassel weit mehr als verlorene Zuschüsse für Bilderwahn und zugereiste Spesenritter. Sie nahm auch tüchtig Geld ein, das ihr ohne documenta entgangen wäre. Zuerst belebte sich das Geschäft der Taxifahrer und Gastronomen: Die rund 130 000, meist auswärtigen, Gäste der ersten documenta spülten mehr Profit in ihre Kassen als die gut zwei Millionen Besucher der parallel laufenden Bundesgartenschau. Sensationelle Übernachtungsraten durch documenta-Besucher meldeten sodann die Kasseler Hotels – ihre schon 1955 überdurchschnittliche Auslastung erkletterte im documenta-Sommer 1959 den Rekord von 84 bis 86 Prozent. Und damit hatten bis 1964 die regelmäßigen Erfolgsmeldungen des Deutschen Hotel- und Gaststättenverbandes am Ende einer Ausstellungssaison durchaus einen stabilisierenden Einfluss auf die Entwicklung der documenta zur Institution.

»Jeden Engländer muss dieses Unternehmen einer Kommunalverwaltung, das eine solche Ausstellung in einer Provinzstadt von wenig mehr als 200 000 Einwohnern möglich macht, mit Neid erfüllen.«
»The Times«, London 1959

Für die documenta 4 hat dann ein Diplomand der Kasseler Universität erstmals statistisch nachgewiesen, dass sich die zuvor nur punktuell beobachtete Geschäftsbelebung 1968 auch unmittelbar im Kasseler Stadtsäckel niederschlug –

durch Steuermehreinnahmen in Höhe von 300 000 bis 500 000 Mark. Diese Summe entsprach etwa dem städtischen Zuschuss zur documenta 4.

Die Hilfestellung durch rechnende Ökonomen kam Aufsichtsrat und documenta-Rat in jenen Jahren sehr gelegen, zumal die junge Institution auch künstlerisch durchaus noch mit Gegenwind zu kämpfen hatte. Zwar wurde etwa die d3 vom amerikanischen Nachrichtenmagazin »Time« als »das vielleicht größte Kunstereignis des Jahrzehnts in Europa« gepriesen; doch andererseits sah sie sich vom Maler und Kritiker Hans Platschek in der »Süddeutschen Zeitung« als »Warenmesse« verdammt, »die sich als Kunstausstellung tarnt«. Und gescheitert war jeder Versuch, die damalige Bonner Bundesregierung zur finanziellen Entlastung von Stadt und Land als documenta-Mitgesellschafter ins Boot zu holen – was übrigens bis heute nicht gelungen ist.

Glücklicherweise traf sich aber Bundeskanzler Willy Brandt (SPD) im Rahmen seiner Ostpolitik 1970 in Kassel mit dem DDR-Ministerpräsidenten Willi Stoph (SED) – und rückte mit dieser Ortswahl ganz nebenbei auch Kassels größten Image-Faktor ins Rampenlicht: die documenta. In keinem internationalen Presse- und Fernsehreport über die Stätte der historischen Ostwest-Begegnung fehlte ein Hinweis auf diese einzige kulturelle Spitzenleistung von Weltruf, mit der sich die geschundene Stadt nach 1945 profiliert hatte.

Dennoch vergingen noch Jahre und einige ökonomische Berechnungen des – nunmehr Standortfaktor genannten – documenta-Effekts, bevor die beginnende Identifikation von Stadtpolitikern und Bürgern mit der documenta in den Willen umschlug, sich diese Weltschau fortan von nichts und keinem wieder wegnehmen zu lassen. Erst mit der documenta 6 im Jahr 1977 wurde ein ständiger Geschäftsführer angestellt, dessen Büro nach dem Rückbau der Ausstellung die Kontinuität der Institution auch in der jahrelangen Zwischenzeit verbürgte. Erst ab 1977 war jedesmal von Anfang an genügend Geld verfügbar, wurden sogar hohe Defizite ohne öffentliche Aufregung beglichen.

»Die Kunst kostet uns nicht viel«, verriet 1977 der Kasseler Oberbürgermeister Hans Eichel (SPD) in seiner Eigenschaft als Vorsitzender des documenta-Aufsichtsrats einem Interviewer. Damals ahnte er bereits, was er fünf Jahre später noch besser belegen konnte: Dem städtischen documenta-Zuschuss in Höhe von 1,2 Millionen Mark zur documenta 7 stand 1982 das Zwölf- bis Fünfzehnfache in Form von Einnahmen der Kasseler Wirtschaft gegenüber, die darauf Steuern zahlte. Eichel: »Es gibt kaum eine städtische Ausgabe, die so viel zusätzliches Geld nach Kassel bringt, wie unser Einsatz für die documenta.«

Mit dem Perspektivwechsel ging auch ein Paradigmenwechsel einher: In der Ära Bode war die Kunstwelt auf das labile Engagement der documenta-Stadt angewiesen, um ihre Botschaft zu entfalten. Seit der Entdeckung des Standortkoeffizienten aber braucht Kassel den Glauben der Kunstwelt an das Großereignis documenta. Eine globaler Rückzug der Künstler wäre fatal – noch hat er nicht eingesetzt.

Also trotzt die GmbH mit immer üppigeren Etats – 20 Millionen Mark für die zehnte documenta, geschätzte 12,8 Millionen Euro für die elfte – der weltweit wachsenden Konkurrenz durch neue Kunst-Biennalen. Bislang hat sie das Publikum in steigender Zahl auf ihrer Seite: Die Kasseler Hotellerie jedenfalls, 1964 glücklich über 200 000 Besucher der documenta 3, hat ihre Kapazität erhöht, und 615 000 Gäste der documenta 10 machten ihr 1997 keine Probleme.

Der Erfolgsslogan »Museum der 100 Tage«, die historische Kasseler Begegnung von Willy Brandt mit Willi Stoph und positive Erfahrungen der lokalen Wirtschaft führten zu der Gewissheit, dass die documenta sich für Kassel lohnt – sogar ökonomisch.

Gesucht: zündende Konzepte

Ein Konzept allein verbürgt noch keine gelungene Ausstellung, doch ohne Konzept gibt es keine Zuschüsse der öffentlichen Hand. Darum wurde bald bei jeder neuen documenta der Streit um das beste Programm so wichtig wie die Suche nach dem künstlerischen Leiter.

»Akzente«, »Lehrmeister« und »Wegbereiter« bei der documenta 2 von 1959:

Henri Matisse, *Georges Braque*, Henri Laurens, *Pablo Picasso*, Robert Delaunay, Franz Marc, Umberto Boccioni, *Giorgio de Chirico*, Fernand Léger, Kasimir Malewitsch, Emil Nolde, Ernst Ludwig Kirchner, Georges Rouault, *Oskar Kokoschka*, Kurt Schwitters, *Max Ernst*, Oskar Schlemmer, Wassily Kandinsky, Paul Klee, Piet Mondrian, Constantin Brancusi, Julio Gonzalez.

(*Kursiv:* damals noch lebende Künstler)

Erst Dokumente, später Akzente

Das Konzept der beiden ersten documenta-Ausstellungen schrieb sozusagen der Zeitgeist, und für die Umsetzung des Programms kamen nur Bode und Haftmann in Frage. Sie hatten 1955 die Idee zu einem historisch geprägten Rückblick auf die Kunst des 20. Jahrhunderts (documenta 1) und erstritten vier Jahre später auch öffentliche Gelder für eine künstlerische Bestandsaufnahme der ersten 15 Nachkriegsjahre (documenta 2), die aber in speziellen Sonderabteilungen nochmals die geschichtliche Bedeutung von »Argumenten«, »Lehrmeistern« und »Wegbereitern« für die aktuelle Szene hervorhob. Beide Konzepte wurden von den Zuschussgebern als notwendig empfunden. Und das waren sie auch, denn die Möglichkeiten, sich authentisch über die Kunst der Zeit zu informieren, waren seinerzeit nicht nur in Deutschland weitaus geringer als am Beginn des 21. Jahrhunderts. Und so erwiesen sich anfangs Name und Anspruch der Kasseler Schau als identisch: Die documenta dokumentierte.

Schon dem Programm der dritten documenta von 1964 fehlte diese Stringenz, die sich zuvor gewissermaßen organisch ergeben hatte. Ungewöhnlich lange währte nun im Vorfeld die Suche nach packenden Themen, und so ging die Verschiebung der ursprünglich für 1963 geplanten Schau auf das Jahr 1964 nicht nur zu Lasten der zerstrittenen Geldgeber, sondern auch der Planer.

Konsensfähig im vorbereitenden Ausschuss wurde

schließlich ein wolkig formuliertes Konzeptpapier, nach dem sich die d3 prinzipiell der »Frage nach der Qualität und nach der Relevanz ganz bestimmter künstlerischer Erscheinungen« der Moderne stellen und darauf in der Ausstellung durch »besondere Akzentsetzungen« reagieren sollte. Im Klartext lief das auf einen Freibrief für Haftmann und Bode hinaus. Sie durften – durchaus zum Vergnügen des Publikums – realisieren, worauf sie seinerzeit am meisten Lust hatten.

So organisierte Haftmann eine fulminante Jahrhundertschau mit Handzeichnungen von Vincent van Gogh und Paul Cézanne bis Ernst Wilhelm Nay. Bode baute den Helden der schon bei der ersten documenta gefeierten Moderne nochmals so genannte »Meisterkabinette«, untersuchte mit kühnen Installationen das Thema »Bild und Skulptur im Raum« und hob in seiner Abteilung »Licht und Bewegung« erstmals die Ingenieure einer »Kinetischen Kunst« auf den Sockel. Als Konzession an den eigentlich für die Auswahl zuständigen documenta-Rat tolerierten Bode und Haftmann noch eine »Aspekte 1964« betitelte Aktualitäten-Revue, in der freilich die inzwischen durchgesetzte britische und amerikanische Pop-Art kaum vorkam.

Diese Unterdrückung aktueller Tendenzen rächte sich dann während der äußerst mühevollen Suche nach einem zündenden Konzept für die documenta 4 von 1968. Bodes bis ins Detail durchdachter Plan einer Architektur-documenta mit gebauten Musterhäusern (»documenta urbana«) wurde verworfen – zu aufwändig. Ebenso aus Zeit- und Kostengründen abgelehnt wurde ein von Haftmann vorgeschlagener »Historischer Vorspann«, der eine Konfrontation aktueller Kunst mit Spitzenwerken der Weltkulturen – global und Epochen übergreifend – ermöglichen sollte. Bevor er diese Niederlage bedauern konnte, wurde Haftmann 1967 zum Chef der Berliner Nationalgalerie berufen und zog sich von der documenta zurück.

Dennoch: Ein Konzept musste her. Bode lud immer mehr Berater ein und nahm dabei in Kauf, sie eines Tages im

Künstler mit »Meisterkabinetten« bei der documenta 3 von 1964:

Jean Arp, Max Beckmann, Pierro Bonnard, Constantin Brancusi, Georges Braque, *Marc Chagall*, Lovis Corinth, André Derain, *Max Ernst*, *Alberto Giacometti*, Julio Gonzalez, Wassily Kandinsky, Ernst Ludwig Kirchner, Paul Klee, *Oskar Kokoschka*, Henri Laurens, Fernand Léger, Wilhelm Lehmbruck, *Marino Marini*, Henri Matisse, *Joan Miró*, Piet Mondrian, Henry Moore, Emil Nolde, *Pablo Picasso*, Oskar Schlemmer, Chaim Soutine, Wols.

(*Kursiv:* damals noch lebende Künstler)

documenta-Rat oder in einem der acht Arbeitsausschüsse dulden zu müssen, die später das inhaltliche Management der d4 übernahmen. Die Programmdiskussion lief auf eine documenta hinaus, die erstmals ohne historische Rückversicherung allein das »Heute« dokumentieren sollte. Darüber hinaus sollte über jeden Künstler einzeln abgestimmt werden, wie es dem antiautoritären Diskurs von 1968 entsprach.

Substanzerhalt

»Die documenta ... – ihr Name sagt es – soll doch dokumentieren, was an künstlerischer Substanz, an schöpferischen Kräften in der Welt vorhanden ist ... Ein Mann wie [der spanische Maler] Antoni Tápies ... ist ja nicht passé, weil Op- und Pop-Art die Stunde regieren.«

Werner Schmalenbach in »Die Welt«, 1967

Als sich aus dieser Debatte ein Programm für die d4 herauskristallisierte, schlugen zwei alte Mitstreiter Bodes, der Düsseldorfer Museumsdirektor Werner Schmalenbach und der Maler Fritz Winter, Alarm und verließen unter Protest den documenta-Rat. Die Schau hatte ihren ersten Skandal.

Außer der Gefahr, sich bei heiklen künstlerischen Entscheidungen einer Mehrheit beugen zu müssen, sahen die beiden Dissidenten auch ihren historisch gewachsenen Kunstbegriff gefährdet: Durfte sich denn eine documenta allein an der zeitgenössischen, gerade mal vier Jahre alten Kunst orientieren?

Genau das tat dann aber die documenta 4, in deren verzweigten Entscheidungsstrukturen Bodes Macht zerbröselte. Zwar stand er immer noch als »Ausstellungsleitung« im Katalog, doch das Konzept bereitete ihm Unbehagen. Nachgeholt wurden Op-Art, britische und amerikanische Pop-Art, wandfüllende Riesenformate der Farbfeldmalerei und die so kühle wie raumbezogene Plastik der Minimal Art. Doch erstmals konnten Künstler wie Joseph Beuys oder Edward Kienholz bei einer documenta ihre eigenen, oft unheimlichen Räume bauen: »Ambiente« oder »Environment« hieß diese – auch von Bode gebilligte – populärste d4-Abteilung, die den »Ausstieg aus dem Bild« signalisierte und sich bis heute als Vorstufe der »Installationskunst« behauptet.

Mit 225 000 Besuchern hatte auch dieses unter Qualen erarbeitete Konzept Erfolg. Doch für Bode, dem nachgesagt wird, beim Hängen im Museum Fridericianum eine Filzplastik des Amerikaners Robert Morris mit Verpackungsmüll verwechselt zu haben, lief die Uhr nun ab. Sein einsti-

d4 – Amerikanische Pop-Art im Museum Fridericianum 1968

ger Informationsvorsprung mutierte zum Realitätsverlust: Er begriff viele Facetten der jungen Kunst nicht mehr und machte trotzdem weiter.

Geniestreich und Skandale

Dass die documenta 4 von 1968 in einem politisch geprägten Umfeld stattgefunden hatte, spiegelte sich in ihren mit Ausschuss- und Abstimmungsmodalitäten überfrachteten, nahezu basisdemokratischen Entscheidungsstrukturen – aber kaum in ihrem Inhalt. Er setzte keine explizit gesellschaftspolitischen Akzente, aber das Publikum reagierte darauf meist tolerant.

Zwar war die Freilufteröffnung vor dem Galeriegebäude an der Schönen Aussicht unter lautstarkem Studentenprotest gegen die als Manifestation des Establishments empfundene Schau höchst dissonant verlaufen. Hastig erklärte Oberbürgermeister Karl Branner (SPD) die documenta für eröffnet, ohne seine vorbereitete Rede zu halten. Doch der Einsatz von Polizeiknüppeln, die kurz zuvor bei der Design-Triennale von Mailand und der Biennale von Venedig den Aufmarsch von Demonstranten brutal gestoppt hatten, blieb Kassel an diesem Junimorgen erspart. Und selbst auf der anschließenden Pressekonferenz im Rathaus protestierten Künstler einigermaßen zivil gegen das Fehlen der gesellschaftlich relevanten Kunstrichtungen Happening und Fluxus auf der d4.

Die documenta 5 im Jahr 1972 wurde dann in vielem zum genauen Gegenteil der vierten: Der Aufsichtsrat schaffte den schwerfälligen documenta-Rat wieder ab und überließ alle Macht einem Macher, der fast im Alleingang und geradezu diktatorisch ein documenta-Programm realisierte, das gesellschaftspolitischen Ansprüchen gerecht wurde. Sein Name: Harald Szeemann. Er verhalf der jungen Institution zum Anbruch einer neuen Ära.

Entdeckt hatte ihn Arnold Bode. Er wollte den Schweizer für die d5 als Konzepthelfer gewinnen, lud ihn 1969 nach Kassel ein und löste damit ungewollt die eigene Nachfolgefrage. Der documenta-Patriarch lockte den durch ungewöhnliche Ausstellungen bekannt gewordenen Chef der Berner Kunsthalle mit dem Posten eines Generalsekretärs und erhoffte sich davon die Stärkung seiner eigenen Position. Doch es kam anders. Szeemann 2001 in einem Rückblick: »Wir diskutierten bis in die Nacht hinein. Am nächsten Morgen ging ich ins Rathaus und wurde berufen. So einfach war das.« Und schwierig für Bode, der erst allmählich begriff, dass ihn die GmbH an diesem Vormittag sozusagen im Handstreich entmachtet hatte. Szeemann war nun Chef der fünften documenta, Bode nur noch »Mitglied der Arbeitsgruppe«.

Die Öffentlichkeit erwartete von Szeemann ein Konzept – und bekam nacheinander zwei: Das erste vom Mai 1970 war das radikalste der bisherigen documenta-Geschichte. Es gefiel Künstlern und politisch wachen, für progressive Kunst engagierten Kritikern, wurde jedoch von der GmbH als unausführbar verworfen. Denn Szeemann schwebte »ein Prozess sich aufeinander beziehender Ereignisse« vor, die permanente Darbietung von Fluxus-Konzerten und gesellschaftskritischen Happenings in Zelten unter Einbeziehung des in Frankfurt gegründeten Theaterfestivals »Experimenta« sowie eines Filmprogramms. Aber keine Kunstausstellung. »Für documenta 5 ist ... zu erwarten«, verkündete Szeemann, »dass die Organisation sich konzentriert auf die Ereignisprogrammierung und nicht auf die Jurierung und den Transport von Objekten.«

Bildwelten parallel zur Kunst in der d5, 1972: Werbung, Science-Fiction, Gesellschaftliche Ikonographie (Banknoten, »Spiegel«-Titel), Trivialrealismus (Gartenzwerge, Souvenirs und Nippes, Kitschpostkarten), Bilderwelt und Frömmigkeit, Bildnerei der Geisteskranken.

Konzept Nummer 2 vom März 1971, für Szeemann geschrieben vom damals in Hamburg lehrenden Ästhetikprofessor Bazon Brock, entwickelte daraufhin den Plan für eine Themenschau unter dem Motto »Befragung der Realität – Bildwelten heute« und wurde alsbald gebilligt. In über 40 primären und sekundären »Materialkomplexen« der formal wieder konventionellen Mustern folgenden Ausstellung sollten künstlerische Leistungen wie Konzeptkunst und die Malerei des aktuellen Fotorealismus erstmals mit nicht-künstlerischen Bildphänomenen konfrontiert wer-

d5 – Tafel von Ben Vautier, Riesenrad von Anatol und
Luftblase des Teams HausRucker Co. 1972

d9 – »Man Walking to the Sky« (1992) von Jonathan Borofsky

den – darunter Ikonen der Werbung und des Fotojournalismus, trivialer Andenken- und frommer Devotionalienkitsch, Comics, Science-Fiction und politische Propaganda sowie die »Bildnerei der Geisteskranken«.

Als Szeemann dieses (später auch weitgehend verwirklichte) Programm in einem Interview mit dem Statement »die Kunst kehrt zu sich selbst zurück« anscheinend immer mehr entpolitisierte, kritisierten ihn enttäuschte Anhänger seines ursprünglichen »Ereignis«-Konzepts und verfluchten »die verfaulte Moral dieses jämmerlichen Theoretikers« (»Frankfurter Rundschau«). Der marxistische Philosoph Hans Heinz Holz, von Szeemann mit dem Katalogvorwort beauftragt, wollte schlichten, indem er Szeemanns Äußerung zum »Missverständnis« erklärte – und heizte so erst recht die Kontroverse an. Noch vor dem Start der d5 dokumentierte der Heidelberger Polit-Künstler Klaus Staeck den Skandal in einem Schwarzbuch und resümierte: »Überhaupt scheint ja alles wie bisher zu werden – nur noch autoritärer, noch einseitiger.«

Zweckfrei

»Ich glaube, die ganze politische Diskussion um die Kunst hat sich selber ad absurdum geführt ... Die Kunst folgt nun einmal ihren eigenen Gesetzen ... Kunst kann nicht unmittelbar etwas verändern, weil die Zweckfreiheit der Kunst die einzige Überlebenschance für die Kunst darstellt.«

Harald Szeemann in »Die Welt«, März 1972

Die kurz darauf eröffnete Szeemann-documenta war dann auch keineswegs fehlerlos – aber ihr noch Jahrzehnte danach imitiertes Themenkonzept markiert einen nie wieder erreichten Höhepunkt der documenta-Geschichte. Vor allem in gesellschaftspolitischer Hinsicht, das geben inzwischen selbst die Kritiker von damals zu.

Kein Mangel an Konzepten auch bei der documenta 6. Die Ausstellung war für 1976 geplant und begann mit einem Interregnum von Arnold Bode, der wieder einmal seinen vorbereitenden Ausschuss einberief, um das Gespräch über eine d6 und die Szeemann-Nachfolge überhaupt anzustoßen. Bodes Ausschuss erarbeitete ein erstes, niemals publiziertes Konzept, das unter anderem eine zweite Station der documenta 6 in der Memorial Hall von Philadelphia vorsah. Dort hatte man sich um die Schau als Beitrag zur 200-Jahrfeier der amerikanischen Unabhängigkeitserklärung im Jahr 1976 beworben.

Die als Gäste zu den Kasseler Planungsgesprächen eingeladenen Experten Wieland Schmied, Hauptkustos der Westberliner Nationalgalerie, und Karl Ruhrberg, Chef des Berliner DAAD-Künstlerprogramms, verfassten ein zweites Konzeptpapier, das sie, so ziemlich am Ausschuss vorbei, dem Aufsichtsrat der documenta-GmbH vorlegten, weil sie glaubten, von diesem Gremium bereits mit der Leitung der d6 beauftragt zu sein. Als sich das als Missverständnis herausstellte, zogen sie es unter Protest wieder zurück. Dennoch empört, rebellierten die Bode-treuen Ausschussmitglieder gegen diesen Alleingang. Schlamassel ist ein milder Ausdruck für diese äußerst verfahrene Situation ... War sie typisch für das kreative Chaos der Institution documenta, ja sozusagen »Medizin gegen konzeptuelle Vergreisung«, wie der documenta-Chronist Harald Kimpel diese und andere Kalamitäten später verklärte? Für Entkrampfung sorgte damals der Geschäftsführer Rolf Lucas. Er präsentierte den zerstrittenen Experten mit Manfred Schneckenburger, dem Direktor der Kölner Kunsthalle, einen allseits akzeptierten künstlerischen Leiter der d6 und beauftragte ihn mit der Bildung eines vorbereitenden »documenta-Komitees«, dem neben Bode auch Ruhrberg vorübergehend angehörte.

»Das Bild ist eben Medium und Botschaft zugleich.«
d6-Konzeptautor Lothar Romain, 1977

Und Schneckenburger meisterte den fast unmöglichen Spagat: Während sich das Komitee in endlosen Sitzungen um ein Papier bemühte, das sich mit den theoretischen Vorgaben der d5 messen konnte, dachte der Praktiker bereits in Abteilungen und verschaffte sich Luft: Auf seinen Vorschlag hin wurde die d6 auf das Jahr 1977 verschoben. Ein Export in die USA entfiel damit schon aus Termingründen.

So war Zeit für die Entwicklung eines Konzepts gewonnen, das im März 1976 auf einer Pressekonferenz dann auch vorgestellt wurde – und die Öffentlichkeit verwirrte. Denn dieses, von Evelyn Weiss mit Klaus Honnef erdachte und von Lothar Romain formulierte Programm überforderte selbst ausgewiesene Kenner. Es erklärte die gewohnten Gattungen Zeichnung, Malerei und Plastik zu »Medien« – und machte Künstler zu Produzenten, die angeblich vor allem am »medialen« Vermittlungspotential ihrer Kunst interessiert waren. Der daraufhin in den Feuilletons einsetzende Widerspruch gegen dieses Medienkonzept gewährte dem Ausstellungsmacher jedoch Spielraum für eigene Projekte, die mit der sperrigen Theorie nur wenig zu tun hatten.

Erstmals präsentierte nun eine documenta Malerei aus der DDR, wurden Fotografie und Spielfilm im documenta-Maßstab als Kunst ernst genommen. Zudem wurden Künstler-Bücher vorgestellt, der jungen Videokunst ein Forum eröffnet und die Gattung Handzeichnung ins Computer-Zeitalter fortgeschrieben. Im Kasseler Stadtraum setzte Schneckenburger zudem mit dem stählernen »Terminal« des Amerikaners Richard Serra oder dem »Vertikalen Erdkilometer« von Walter De Maria international beachtete Zeichen. Er erwartete 250 000, erreichte aber 355 000 Zuschauer. Das Thema Defizit war diesmal vom Tisch.

Endlich auf stabiler Basis

Erst im Vorfeld der documenta 7 fand die Kasseler Institution zu stabilen Strukturen. Endgültig abgeschafft wurden alle Ausschüsse, Räte und Komitees. Aufgegeben wurde auch die Fahndung nach einem brillanten Vorabkonzept als Basis für Etat und Personalausstattung. Von nun an konzentrierte sich die GmbH einzig auf die Suche nach der einen charismatischen Persönlichkeit, von der jeweils die von Kunstwelt und Publikum favorisierte neue Super-documenta zu erwarten war. Ob diese Person ein Konzept veröffentlichen wollte, blieb ebenso ihrem Naturell überlassen wie die Wahl eines Mitarbeiterteams. Und so durften sowohl die Französin Catherine David (documenta 10) als auch ihr Nachfolger Okwui Enwezor (Documenta 11) den bis dahin üblichen Mediendiskurs über ihre Ausstellungsabsichten verweigern, mussten auch vorab keine Künstlerlisten bekannt geben. Sie konnten ihre documenta füllen wie eine Wundertüte.

Zuständig für die Suche nach dem Mastermind ist seit 1978 eine vom Aufsichtsrat berufene internationale Findungskommission. Zur documenta 7, geplant für 1981, nominierte sie den niederländischen Museumsdirektor Rudi Fuchs. Die Verschiebung der Ausstellung auf das Jahr 1982 hatte nicht er, sondern die Stadt Kassel zu verantworten, die 1981 zum zweiten Mal eine Bundesgartenschau veranstaltete und eine Kollision der Ereignisse befürchtete. Erst von da an wurde der heutige Fünfjahrestakt zum Standard und ersetzte den von Bode eingeführten (und bereits dreimal durchbrochenen) Quadriennale-Turnus.

Fuchs inszenierte seine documenta 7 als museales Fest mit viel Malerei der damals so genannten »Wilden«, ließ den Amerikaner Claes Oldenburg eine monumentale »Spitzhacke« am Ufer des Fuldaflusses errichten – und profitierte von einer Aktion des Künstlers Joseph Beuys. »7000 Eichen« wollte er in Kassel pflanzen und jeden Baum mit einer Basaltstele akzentuieren. So kam Fuchs zu seiner attraktivsten Außen-Installation: 7000 von Beuys vor dem Museum Fridericianum abgelegte Steine warteten auf ihre Verwendung.

Nicht nach Schema F

»Rudi Fuchs ist im Herbst 1981 von der Presse verschiedentlich angegriffen worden, weil er damals noch kein fertiges Konzept für die documenta 7 vorweisen konnte. Stattdessen hat er uns etwas gelehrt: Eine Ausstellung – zumindest eine Weltausstellung der Gegenwartskunst wie die documenta – ist nichts, was man einfach nach anderswo bewährtem Schema realisieren kann. Sie entsteht vielmehr selbst in einem langen künstlerischen und handwerklichen Prozess.«

OB Hans Eichel zur documenta 7, 1982

Bei der documenta 8 von 1987 erweist sich die Findungskommission als zu groß für ein klares Ergebnis: Statt eines Machers empfiehlt sie zwei, die sich einigen sollen, aber nicht wollen: den holländischen Museumsmann Edy de Wilde und wiederum Harald Szeemann. In großer Not kippt der Aufsichtsratsvorsitzende Eichel seine Doktrin »keiner macht die documenta zweimal« und verpflichtet nochmals Manfred Schneckenburger. Danach wird die Kommission von rund 30 Experten auf acht verkleinert: Für 1992 favorisiert sie Jan Hoet (documenta 9), und für 1997 und 2002 werden (von jeweils anderen Frauen und Männern der Szene) Catherine David und Okwui Enwezor gefunden.

Eine Strukturreform beendete den öffentlich geführten Disput über Programme und Macher der documenta. Seit Ende der siebziger Jahre werden Leiter oder Leiterin in einem Geheimverfahren gewählt und müssen vor Eröffnung kein Konzept mehr publizieren. Unbehelligt von öffentlichen Programmdebatten können sie noch unabhängiger planen.

Gefunden: fähige Regisseure

Die Nachfolger von Arnold Bode – fünf Männer und eine Frau – hatten die Chance, die documenta jeweils neu zu erfinden. Fast alle haben sie überzeugend genutzt.

Ohne Amt, doch mächtig: Jean Leering

Jean Leering, Jahrgang 1934, war nie offiziell Chef einer documenta, und doch hat der Niederländer – seinerzeit Direktor des Stedelijk Van Abbe Museums in Eindhoven – der documenta 4 von 1968 die Impulse gegeben. Zwei Todesfälle in der Vorbereitungszeit (es starben der Kunstkritiker Albert Schulze Vellinghausen und der Museumsdirektor Arnold Rüdlinger) beförderten ihn an die Spitze des wichtigen Ausschusses für Malerei. Und Leering nutzte seine Macht: Autoritär rückte er aktuelle amerikanische Kunst (Pop-Art, Farbfeldmalerei, Minimal Art) ins Zentrum und erteilte sogar dem künstlerischen Leiter Arnold Bode beim Hängen Hausverbot im Museum Fridericianum. – Später leitete Leering das Amsterdamer Tropenmuseum und war bis zu seiner Emeritierung Ende 1999 Professor an der Technischen Universität Eindhoven.

Von Format

»In der amerikanischen Kunst spielt das Großformat eine bedeutende Rolle. Der amerikanische Künstler braucht dieses Großformat seiner physischen Präsenz wegen, das heißt, um seines konkret-materiellen Charakters willen. Aber diese Materialität ist keine materialistische Materialität, sondern wandelt sich unmittelbar um in geistige Werte.«

Jean Leering 1968

Visionär mit Bodenhaftung: Harald Szeemann

Harald Szeemann, Jahrgang 1933, betrachtet im Rückblick seine d5 von 1972 als eine Art Gesellenstück. Noch wichtiger sind dem Schweizer Kunsthistoriker mittlerweile zwei vorangegangene Ausstellungen, bei denen er eine Reihe noch heute dominierender Künstler entdeckt und die Interaktion von Kunst und Leben untersucht hat: »Wenn Attitüden Form werden« (1969, Kunsthalle Bern) und »Happening & Fluxus« (1970, Kölnischer Kunstverein). Damals formierte sich Szeemanns ganz persönliche »Kunstgeschichte der intensiven Intentionen«. Sie orientiert sich am obsessiven Energiepotential der Künstler und leitet davon seit 45 Jahren eine Fülle international beachteter Ausstellungen ab, darunter »Junggesellenmaschinen« (1975), »Der Hang zum Gesamtkunstwerk« (1983), »Visionäre Schweiz« (1981/82) und »Plateau der Menschheit« auf der Biennale Venedig von 2001.

Seine Bewährungsprobe indessen bestand Szeemanns Prinzip damals in Kassel. Die d5, eine Melange aus List und Redlichkeit, bebilderte ja nicht allein die gesellschaftliche Theorie des Konzeptautors Bazon Brock (»Befragung der Realität«) – sie war zugleich Novitätenmesse (Fotorealismus, Konzeptkunst) und Lehranstalt. Eine von Brock organisierte »Besucherschule« zielte auf »Professionalisierung des Betrachters«. Und die von Szeemann erfundene Abteilung »Individuelle Mythologien« setzte geradezu esoterische Akzente mit Installationen von Paul Thek, Michael Buthe und Nancy Graves. Singulär an Szeemanns Schau war somit weniger die Stringenz des Konzepts als vielmehr die Tatsache, dass es der Ausstellungsmacher flexibel zu nutzen wusste. So wurde die d5 auch zu einem überwältigenden Schaustück. – Seit 1969 ist Szeemann freiberuflicher Ausstellungskurator mit globalem Wirkungsfeld.

Vielfalt mit Höhepunkten: Manfred Schneckenburger

Manfred Schneckenburger, Jahrgang 1938, trat zweimal an: zur documenta 6 im Jahr 1977 und zehn Jahre später zur documenta 8. Beide Male war der in Stuttgart geborene Kunsthistoriker, der auch als Gymnasiallehrer und Journalist gearbeitet hatte, nicht Wunschkandidat der Kasseler gewesen. Doch beide Male brachte er solide Ausstellungen mit spektakulären Höhepunkten sowie Katalogen zustande, die zu den informativsten der ganzen Serie gehören. Bevor Schneckenburger zur d6 das herrschende Kunstspektrum um die Gattungen Fotografie, Video, Film und Computerzeichnung erweiterte und erstmals DDR-Kunst zeigte, war er Direktor der Kölner Kunsthalle mit Interesse für Plastik und Kunst im öffentlichen Raum. Unter seiner Leitung wurden zur d6 Richard Serras »Terminal« montiert (heute in

documenta-Kuratoren (von li.: Jan Hoet, Rudi Fuchs, Harald Szeemann und Manfred Schneckenburger)

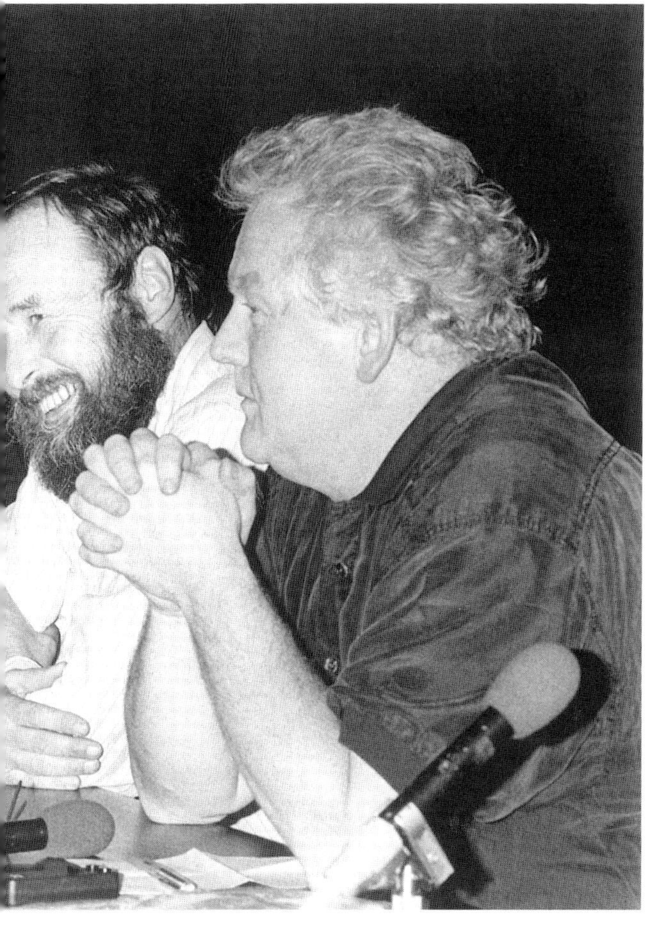

Bochum), Walter De Marias »Vertikaler Erdkilometer« gebohrt und der Kasseler Auepark mit raumgreifenden Installationen besetzt.

Schwächer, doch im Ganzen erfolgreich, setzte der Pragmatiker Schneckenburger auch bei seiner d8 auf Freiluft-Installationen und Kunst mit neuen Medien, erprobte aber auch Neuland: Er gab den Disziplinen Architektur (mit Modellen) und Design so viel Raum in seiner documenta, dass sich die Grenzen zwischen freier und angewandter Kunst verwischten, was selbst Kenner befremdete. Harald Szeemann, abgesprungener Bewerber um die Leitung der d8, schätzte seinen Konkurrenten wohl richtig ein: »Der ist zuverlässig und hat Erfahrung«, meinte er vor der Eröffnung: »Ich habe Visionen.« – Schneckenburger ist heute Rektor der Kunstakademie Münster.

Ausstellung als Märchenwald: Rudi Fuchs

Rudi Fuchs, Jahrgang 1942, gerierte sich als Poet. Statt per Konzept annoncierte der Chef des Stedelijk Van Abbe Museums in Eindhoven seine d7 von 1982 mit einem »Brief«, in dem er eine »Ausstellung wie eine Erzählung« versprach. Atelierfrische Werke sollten sich im Dialog bewähren – unabhängig vom Alter der Künstler. So wurde beispielsweise der 1902 geborene Maler Richard Paul Lohse eingeladen, aber auch der 1960 geborene Amerikaner Jean Michel Basquiat. Beide zeigten Bilder von 1982. Angestrebt war damit auch eine beruhigte, museale Atmosphäre. Das Ergebnis war eine gewisse Monotonie. »Nichts, was sich einprägt, nichts, was aufregt«, stöhnte der Kritiker Georg Jappe.

Vorlieben

»Das Dialogkonzept der d7 konstruiert Bedeutungszusammenhänge, die weniger den Tendenzen der Gegenwartskunst folgen als den Überlegungen der Ausstellungsmacher, wie sie sich Kunst wünschen. Irritierenderweise scheinen sich hierauf die Künstler fast widerspruchslos eingelassen zu haben.«

Kritiker Wolfgang Max Faust 1982

Als erster documenta-Macher musste sich der Holländer Fuchs auf ein »neues« Fridericianum einstellen, das zwar ausgebaut, aber dabei zu seinem Nachteil verändert worden war: Das zentrale Treppenhaus – entfernt. Die großen Säle – geteilt und durch Zwischendecken gestaucht. Rundgänge – wegen neuer Treppenflure unmöglich. Die Fuchs-documenta war zugleich die letzte in der wieder aufgebauten

Orangerie, die 1992 zum Technik-Museum wurde und der documenta kaum noch Räume überlässt.

Nach einigen Jahren als Direktor von Haags Gemeentemuseum (Den Haag) übernahm Fuchs 1993 in Amsterdam das berühmte Stedelijk Museum.

Boxkampf für die Kunst: Jan Hoet

Der Belgier Jan Hoet, Jahrgang 1936, empfahl sich für die documenta 9 von 1992 durch seine originelle Ausstellung »Chambres d'Amis«, die er als Museumsdirektor 1986 an seinem Wohnort Gent auf 50 Privatwohnungen verteilt hatte. Ungewohnt viele Orte – darunter die 1992 neu errichtete documenta-Halle – besetzte dann auch Hoets documenta, die der dynamische Schausteller auf 125 Künstler begrenzen wollte. Schließlich wurden es doch 192, weil er bis zuletzt noch Kreativität entdeckte, die ihm zwar in keines seiner Konzepte (»Displacement«, »Narzissmus«) passte, aber seine d9 auch zur informativsten seit 1972 machte. Zu sehen waren erprobte Szene-Stars wie Mario Merz, Per Kirkeby, Bruce Nauman und Rebecca Horn, aber auch Newcomer wie Cady Noland, Matthew Barney, Mike Kelley und Peter Kogler. Und weil Hoet zeitgenössische Kunst als vitalen Prozess empfand, wollte er darüber auch reden und lud vorab nach Gent und Weimar zu so genannten Marathongesprächen von zwölf und 24 Stunden Dauer. Die Palaver strapazierten das Publikum, erfrischten aber den Macher, der im Beiprogramm der d9 auch Jazz, ein Baseball-Spiel sowie Profi-Boxkämpfe mit Henry Maske und Axel Schulz unterbrachte (und das alles privat finanzierte).

»Jeder versucht seine documenta anders zu machen als seine Vorgänger, das ist geradezu ein Zwang.«

Kurator Jan Hoet, März 1992

Hoets documenta 9 erboste die Kritik, gefiel aber den meisten der rund 609 000 Besucher. Um ihr Wahrzeichen – Jonathan Borofskys »Man Walking to the Sky« – in der Stadt zu behalten, spendeten Kassels Bürger erstmals Geld für ein modernes Kunstwerk.

Bis zu seiner Pensionierung (2001) leitete Hoet das Genter Stedelijk Museum voor Actuele Kunst (früher: Museum van Hedendaagse Kunst).

Diskurs statt Kunst: Catherine David

Nix Neues

»In einer Zeit, die von einer enormen Verwirrung geprägt ist – in der Kunst, aber auch in Gesellschaft und Politik – gilt es, das ästhetische Denken und die künstlerischen Vorstellungen neu zu befragen, und zwar nicht nur in der bildenden Kunst. Also keine Ausstellung zum ewigen Thema: Was gibt es Neues?«

Catherine David, April 1997

Catherine David, Jahrgang 1955, veröffentlichte kein Konzept und keinen Katalog, wusste aber genau, was sie wollte. Nicht eine Informations- oder Novitäten-documenta 10 schwebte der französischen Kunsthistorikerin für 1997 vor, sondern eine »Kulturveranstaltung ... zu den großen Fragen der Gegenwart im Spiegel der Künste«. Also brauchte sie weniger Platz und weniger Kunst als ihr Vorgänger, aber einen großen Hörsaal. »100 Tage – 100 Gäste« hieß ihr Seminar, bei dem internationale Künstler geladen waren – dazu Literaten, Architekten, Philosophen und Politiker –, um vor großem Publikum über Themen zu sprechen wie »Urbanismus, Territorium, Identität, Bürgerrechte, ›sozialer Nationalstaat‹, Staat und Rassismus, Globalisierung der Märkte und nationale Politik, Universalismus und Kulturalismus« (David). Die begleitende Kunstschau, dargeboten als »Parcours«, lieferte dem Disput die Belege.

Doch auch diese wenig sinnliche documenta war ein Erfolg, und die zuvor in Pariser Museen angestellte Kuratorin (Centre Pompidou, Jeu de Paume) leitet heute das Rotterdamer Kunstzentrum Witte de With und ist Gastprofessorin der RWTH Aachen.

Kunst der vernetzten Welt: Okwui Enwezor

Okwui Enwezor, Jahrgang 1963, stammt aus Kalaba (Nigeria) und lebt seit 1983 als Kurator, Kritiker und Lyriker in New York. Auch seine Documenta 11 (erstmals mit großem Initial geschrieben) beruht auf einem Diskurs über gesellschaftspolitische Fragen, der im März 2001 mit einer »Plattform 1« genannten Tagung in Wien begann (Thema: »Demokratie als unvollendeter Prozess«) und nach weiteren Workshops in Neu-Delhi, Berlin, St. Lucia und Lagos im Sommer 2002 künstlerisch bilanziert wird. Und zwar auf »Plattform 5«, der »eigentlichen« documenta mit Arbeiten von über 100 Künstlern im Kasseler Fridericianum und in vier weiteren Gebäuden. Im Zentrum steht die Globalisierung von Kunst und Kultur. Je nach Region wechseln die Perspektiven der Schau; die eurozentrische Sicht früherer documenta-Ausstellungen soll überwunden werden. Enwezors Vorsatz: »Den Besucher und sein innerstes Interesse bewegen.«

Zauber

»Es geht vor allem darum, das stärkste Zusammentreffen von interessanten und herausfordernden Ideen zu haben, die der Öffentlichkeit zauberhaft präsentiert werden.«

Okwui Enwezor, Dezember 2000

Alle documenta-Kuratoren nach Bode überzeugten durch Engagement, persönliche Handschrift und Publikumserfolg. Das autoritär angewandte Chef-Prinzip erwies sich als geradezu ideal.

documenta-Kunst 1900 – 2002

Vom Post-Impressionismus bis zur Postmoderne hat die documenta die Kunstgeschichte des 20. Jahrhunderts nacherzählt – Abstraktion und neue Medienkünste inbegriffen.

Abstraktion und Kalter Krieg

Sehvermögen
»Max Planck nannte bei einem Vortrag die nur wenigen verständlichen mathematisch-physikalischen Formeln, die die gegenwärtige Welt bedeuten, auch Sinnbilder, die er nicht anschaulich machen könne. Der Kunst gelingt es manchmal, hinter den Schleier zu sehen und sichtbar zu machen, was auf andere Weise nicht sichtbar gemacht werden kann.«
Kritiker Will Grohmann 1958

Von Kunst hat jeder eine Ahnung – und jeder eine andere. Das ist legitim, und noch keine documenta wollte das ändern. Doch jede bemühte sich um Vermittlung zwischen den Erwartungen des Publikums und dem Versuch ausgewählter Künstler des 20. Jahrhunderts, alte Menschheitsfragen in ungewohnten Bildern neu zu formulieren. Und das nach allen Regeln einer Kunst, die sich auch deswegen modern nannte, weil sie sich permanent wandelte.

Konstant wahrnehmbar blieben, vereinfacht ausgedrückt, zwei Entwicklungsstränge. Der eine kam vom Realismus des 19. Jahrhunderts her und orientierte sich mit symbolistischen, psychologischen oder sozialen Inhalten an der *condition humaine*, strebte also nach einer unmittelbaren Wechselwirkung von Kunst und Leben.

Der andere, abgeleitet vom französischen Impressionismus, berief sich auf ein spezielles »bildnerisches Denken« (Paul Klee) und konzentrierte sich auf Farbe, Form und die Ausdruckskraft zuvor unerprobter Materialien. Gegner schmähten diesen Fundamentalismus als *l'art pour l'art*: Kunst sei hier eher sich selbst als dem wirklichen Leben verpflichtet.

Abb.: d3 – »Drei Bilder im Raum« (1964) von Ernst Wilhelm Nay

Vor allem in den historischen Abteilungen von documenta 1 bis 3, deren Programme einen Zeitraum von fast 60 Jahren abdeckten, wurden beide Grundströmungen eindrucksvoll belegt. Max Beckmann und Francis Bacon, Otto Dix und Oskar Kokoschka, Jean Dubuffet und erst recht Pablo Picasso repräsentierten das realistisch-surrealistische Lager. Am Gegenpol versammelten sich Meister wie

Franz Marc und Henri Matisse, Robert Delaunay und Wassily Kandinsky, Piet Mondrian und Kasimir Malewitsch – lauter Virtuosen der Formerfindung, die sich der besonderen Gunst des documenta-Ideologen Werner Haftmann erfreuten.

Denn letztere waren ja Wegbereiter einer künstlerischen Revolution, die im zweiten Jahrzehnt des 20. Jahrhunderts eingesetzt und kurz vor Beginn der documenta-Serie auf breiter Front gesiegt hatte: Die Abstraktion, eine Kunst ohne Abbildung existierender Gegenstände, avancierte zum Weltstil, der bis in die sechziger Jahre hinein die Szene dominierte. Von Anfang an war diese nicht-figurative Praxis stark umkämpft – auch, weil das Publikum größte Schwierigkeiten hatte, in geometrischen Diagrammen, locker komponierten Form-Sonaten oder hingetröpfelten Farbschlieren jenen thematischen Zugewinn zu erkennen, der die Künstler so reizte: Erstmals, behaupteten sie, ließen sich mit der neuen Ästhetik psychische Energien, kosmische Katastrophen oder die Angst vor einem atomaren Crash essentiell in Bild und Plastik erfassen.

Abstrakt

»Abstrakt nenne ich jede Kunst, die weder an die Wirklichkeit erinnert noch sie beschwört, gleichviel ob diese Wirklichkeit dem Künstler als Ausgangspunkt diente oder nicht.«

Künstler und Kritiker Michel Seuphor, 1949

Unbeirrt von Neinsagern propagierte Haftmann den Trend als Höhepunkt einer organischen Entwicklung – und tat dennoch des Guten zu viel, als er 1959 auf der d2 die inzwischen gestorbenen Erfinder des neuen, auch Tachismus oder Art informel genannten Weltstils mit Dutzenden ihrer lebenden Epigonen konfrontierte, denen das effektvolle Formspiel in vielen Fällen zur manieristischen Routine missraten war. »Kunst war bisher«, gab der Experte Curt Schweicher in einer Streitschrift zu Protokoll, »was der Andere nicht gemacht hat. Seit der Existenz der ›Art informel‹ ist sie zum Job geworden.«

Die Berechtigung dieser Insider-Polemik war evident und erschreckte die kritisierten Künstler. Nicht die ganze abstrakte Kunst, aber ihr »informeller« Zweig begann daraufhin nach der d2 zu verdorren. Zum ersten und einzigen Mal hatte eine documenta ein Stück Kunstpraxis durch pure Häufung dubioser Beispiele ad absurdum geführt.

Dass Haftmanns Eintreten für die Abstraktion auch politisch, also antikommunistisch, motiviert sein könnte, wies der Kunsthistoriker seinerzeit weit von sich. Der »Verzicht auf die politisch reglementierte Kunstübung des ›sozialistischen Realismus‹«, schrieb er im Katalog der documenta 2, sei »keine politische, ... sondern eine aufs Künstlerische bezogene kritische Entscheidung gewesen«. Spätere Kommentatoren wiesen darauf hin, dass die documenta gleichwohl Zuschüsse des Bonner Bundesministeriums für gesamtdeutsche Fragen kassiert und viele abstrakte Werke aus den USA gezeigt hatte. Aber ergab sich daraus schon der Beweis, dass die »Alternative Gegenstand – Abstraktion« (Kunsthistoriker Uwe M. Schneede) auf politischer Willkür basierte?

Waffentauglich

»Jenseits des ›Eisernen Vorhangs‹ wurde ... die Abstraktion als Inbegriff kapitalistischer Dekadenz gebrandmarkt und bekämpft. Diesseits setzte man Abstraktion mit der Freiheit gleich, sie galt als Sinnbild und Garant dieser Freiheit und konnte deshalb als antikommunistische Waffe genutzt werden.«

Kunsthistoriker Uwe M. Schneede, 2001

Zwar herrschte der Kalte Krieg, und im Konsens mit westlichen Politikern waren die documenta-Macher der ersten Stunde davon überzeugt, mit ihrer Schau zugleich einen Vorposten demokratischer Kunstfreiheit zu besetzen. Schon die Nähe der documenta-Stadt Kassel zum Eisernen Vorhang legte das nahe. Doch die Unterstellung, Haftmann oder Bode hätten der im »Dritten Reich« isolierten deutschen Moderne mehr Geltung auf der US-Szene verschaffen wollen, indem sie auf der documenta wider bessere Einsicht die Abstraktion inflationierten, klingt nicht nur abenteuerlich. Sie ist auch falsch.

Den ersten Versuch, in Kassel auch den Sozialistischen Realismus zur Diskussion zu stellen, hat übrigens die d5 unternommen. Doch die UdSSR verweigerte 1972, was fünf Jahre später die DDR erlaubte: 1977 konnte die documenta 6 vier figurative Maler und einen Bildhauer von »drüben« zeigen. Die einstigen Ost-Flüchtlinge Georg Baselitz, Gerhard Richter und Markus Lüpertz hängten daraufhin ihre Gemälde am Eröffnungstag ab – aus ideologischen Gründen. Die DDR-Kollegen, so Baselitz in einem Interview, seien »keine Künstler«, sondern »ganz einfach Arschlöcher«.

Im Expresszug der Stile

Die vierte documenta von 1968 stand im Zeichen des Begriffs Avantgarde. Man kann sich darunter eine aus mutigen Künstlern bestehende Vorhut vorstellen, die der Kunst unentwegt Neuland erobert, und dazu einen nachrückenden Tross luzider Geister, der den Fortschritt dadurch sichert, dass er das gewonnene Terrain mit Stil- und Richtungsnamen kennzeichnet. Für die d4 lauteten diese Namen Pop-Art, Minimal Art, Farbfeldmalerei, Ambiente oder Environment. Bei der d5 kamen Hyper- oder Fotorealismus, Concept-Art, Happening und Performance hinzu. Die d6 steuerte Spurensicherung und Aktionskunst bei. Hinter solchen Begriffen, die natürlich auch Ordnung stifteten, verbarg sich lange der Glaube an eine Entwicklung, bei der sich die jeweils jüngste Errungenschaft quasi logisch durch die Überwindung der Novitäten von gestern ergab.

Leitsatz

»[Die] documenta ... setzt auf die einzelne Persönlichkeit. Sie will den Künstler als den einzelnen schöpferischen Geist wieder in den Mittelpunkt stellen. ... Ihr liegt der einfache Leitsatz zu Grunde, dass Kunst das ist, was bedeutende Künstler machen. Das ist ein sehr alter Satz; er stammt vom hl. Augustin. Er hat also den Glanz der langen Dauer.«

Werner Haftmann: Rede zur documenta 3, 1964

Scheinbar folgerichtig erkämpften sich die Künstler in den sechziger und siebziger Jahren neue Räume – zunächst ganz reale, später auch virtuelle. Als die farbstarken Bildformate der Maler immer größer wurden, bedeckten sie ganze Wände, waren mit einem Blick nicht mehr zu erfassen. Die Betrachter mussten sich also (im Raum) an ihnen entlang bewegen – oder unter ihnen hindurch, so geschehen, als Bode bei der dritten documenta drei Riesenleinwände des Kölners Ernst Wilhelm Nay gestaffelt unter die Decke hängte. Der Venezianer Emilio Vedova stellte damals bizarr zurechtgesägte und bemalte Sperrholzplatten wie Paravents in den Raum; dazwischen flanierte das Publikum.

Bei der d4 definierten dann die Künstler der Minimal Art aus den USA ihre Säle durch gleichförmige geometrische Kuben, Metallplatten oder Balken, um damit rationale Klarheit zu vermitteln (Donald Judd, Carl Andre). Edward Kienholz dagegen möblierte ein Raum-Kompartiment mit Sperrmüll-Requisiten, in denen bizarre Gestalten aus Kunstharz einen Bordellbetrieb imitierten. Andere Räume waren total verspiegelt, mit Licht aus Neonröhren »gefüllt« (Dan Flavin) oder erinnerten mit Versatzstücken aus Kupfer und Filz an ein okkultes Laboratorium (Joseph Beuys).

Angepeilt war jedesmal eine direkte Wirkung auf das Publikum; denn das autonome Kunstwerk – so hatte es 1956 der französische Vordenker Marcel Duchamp (1887 – 1968) gelehrt – vollendet sich erst im Bewusstsein seiner Rezipienten. Kunst spielt sich also primär im Kopf ab, und Kunst kann alles sein, was dazu erklärt wird – auch das Trivialbild einer Konservendose, wie es der Duchamp-Jünger Andy Warhol in die Pop-Art eingeführt hat.

Die Konsequenz: Wenn *alles* tauglich ist, bedarf es womöglich zur Kunst-Wirkung gar keiner Werke mehr, weil schon eine Werkbeschreibung, also ein Konzept, völlig ausreicht, um das Bewusstsein zu stimulieren (Concept-Art). Oder eine kurze Schaustellung, die das Publikum interaktiv einbezieht (Happening). Oder eine Künstler-Aktion, von der Fotos und Steinkreise übrig bleiben, wie sie der Brite Richard Long von einsamen Wanderungen mitgebracht hatte. Oder ein Projekt wie die vom Kölner Hans Haacke realisierte Befragung des Publikums der d5: Das war 1972 der ultimative Vorstoß eines Künstlers von der Bildebene in den gesellschaftlichen, also virtuellen, Raum.

Andere Künstler setzten ihren nackten Körper ein, indem sie etwa das Publikum ermunterten, mit Pfeilen darauf zu schießen. Auf solchen, nunmehr Performance genannten, Darbietungen basierte das ursprüngliche Ereignis-Konzept der d5, von dem nur ein Begleitprogramm übrig blieb.

Doch schon mit der documenta 6 hatte eine Wende im Denken eingesetzt – die Fortschrittsidee wurde als Illusion enttarnt. Denn erstens hatten sich ja die neuen Richtungen keinesfalls stets nacheinander, sondern oft parallel formiert. Zweitens setzten Innovationen das Bisherige nicht außer Kraft – die von der Vorhut überholten Künstler machten ja weiter. Und drittens bewies nun auch jede documenta, dass es am Ende des 20. Jahrhunderts eigentlich für Avantgarden nichts mehr zu holen gab: Alles, wirklich alles war ausprobiert – jedes Material vom rostigen Eisen bis hin zu

Ist da jemand?

»Die Künstler ... leisten manchmal sehr viel; aber richtig wahrgenommen wird dieses Angebot der Kunst nur wenig. Man fragt sich wirklich, ob es draußen in der Welt noch eine Kultur gibt, die fähig ist, diese Kunst aufzunehmen und zu tragen – das heißt, etwas damit anzufangen, was über das bloße Ausstellen hinaus geht. Das ist heute die entscheidende Frage.«

d7-Kurator
Rudi Fuchs, 1982

Wasser, Feuer und Blut, jede Technik von der Collage bis zur Spritzpistole und jedes Medium bis hin zum Computer. Alles auf Anfang, besagte daher ein von französischen Philosophen wie Jean Baudrillard, Jean-François Lyotard oder Jacques Derrida aufgestelltes Stopp-Signal: Die Moderne ist tot, es lebe die postmoderne Simulation.

Wirkungsvoll

»Man sieht die Elektrizität als ein Ergebnis, aber man kann sie nicht definieren ... Man kann nicht sagen, was sie ist, aber man weiß, was sie bewirkt ... Mit der Kunst ist es dasselbe: Man weiß, was Kunst bewirken kann, aber man weiß nicht, was sie ist.«

Marcel Duchamp 1959 im Interview mit George Heard Hamilton

Die Künstler verstanden diese Parole als Aufforderung, nicht länger das unmögliche Neue, sondern durch kreatives Hinterfragen das bereits Erreichte zu erproben. Angesagt waren nun Pluralismus, Zitat, Revival und Kontrafaktur. Schon die sechste documenta nahm 1977 die akute Witterung auf, indem sie die Gattung Malerei zum Medium erklärte und mit Gerhard Richter, Gotthard Graubner und Frank Stella Künstler auswählte, die malend »Malerei als Malerei« untersuchten.

Breit dokumentierte sodann die d7 im Jahr 1982 eine Konsequenz, die ein gemischtes internationales Künstlervolk aus dem Diskurswechsel gezogen hatte: Es wurde wieder gemalt – und zwar so intensiv, als sei endlich ein Knoten geplatzt, der erzählerische, freche, private, märchen- und mythenträchtige Gemälde jahrzehntelang unterbunden hatte.

Anfangs bildeten die Maler Stoßtrupps, um als »Neue Wilde« oder »Transavanguardia« in der Szene Fuß zu fassen. Sie malten gegenständlich und expressiv, weil ihnen Wirkung wichtig war – und wurden prompt zu Neo-Expressionisten gestempelt. Doch Stil war ihnen schnuppe, es ging um Inhalte – cool, rockig, trivial, und politisch inkorrekt. »Gott, zeig mir deine Eier«, hieß das Programm-Bild, mit dem der Maler Georg Jiri Dokoupil auf der d7 debütierte.

Aus dem Rahmen gefallen: die attraktivsten Großprojekte

Exitus der Avantgarde, Stillstand des Karussells der Richtungen und Stile, Ablösung der tradierten Gattungen Malerei, Plastik und Zeichnung durch gemischte Raum-, Installations- und Performance-Modelle, Verzicht auf In-

d7 – »Spitzhacke 1982« von Claes Oldenburg am Fulda-Ufer

novation zu Gunsten einer Inventur des Erreichten: Selbstverständlich berührte dieser postmoderne Pluralismus auch die documenta. Doch weil sie – zumindest im Prinzip – nie auf Stile und Richtungen, sondern stets auf die exemplarische Leistung Einzelner eingeschworen war, war sie vor und auch nach dem Paradigmenwechsel attraktiv für Künstler, die in Kassel mit spektakulären Großprojekten aus dem Rahmen fallen wollten.

Als Erster hatte sich 1968 der in New York lebende Bulgare Christo in den Kopf gesetzt, zur documenta 4 im Auepark ein 28 Stockwerke hohes, phallusförmiges Luftpaket aufzurichten – auf eigene Kosten und rauen Winden zum Trotz. Erst im vierten Versuch erhob sich die zuvor dreimal gerissene Kunststoffhülle seiner umschnürten »5450 m Cubic Package« – und stand bis zum Ende der Schau.

Risiko

»Der Künstler ... gleicht dem Forscher. Er hat zwar eine Vorstellung, aber er ist stets mit dem Scheitern konfrontiert.«

Kunsthistoriker Jean-Christophe Ammann, 1998

Zum makabren Höhepunkt der fünften documenta wurde 1972 eine zwar surreal verfremdete und dennoch beklemmend realistisch wirkende antirassistische Kastrationsszene des Kaliforniers Edward Kienholz, die aus fünf Autos und neun lebensgroßen Figuren bestand (»Five Car Stud«). Ebenfalls auf der d5 profilierte sich der amerikanische Pop-Plastiker Claes Oldenburg als obsessiver Sammler. Sein auf dem Grundriss eines 9,5 mal 8,3 Meter großen Mickey-Mouse-Kopfes errichtetes »Mouse Museum« enthielt 367 Trivialobjekte, die den Bildhauer zu seinen Skulpturen inspiriert hatten – von der Wasserpistole bis zur verkohlten Brezel. Erst bei der documenta 10 füllte 1997 wieder so ein individuelles Künstlerarchiv die Wände: Die Kollektion »Atlas« mit rund 5000 Foto-Vorlagen und Skizzen aus dem Atelier des deutschen Malers Gerhard Richter.

Zum geräuschvollen Ärgernis wurde 1977 vor und während der sechsten documenta eine Aktion des Amerikaners Walter De Maria. Dieser Pionier der so genannten Land Art errichtete vor dem Fridericianum einen Bohrturm, der in Tag- und Nachtarbeit eine 1000 Meter lange Messingstange als »Vertikalen Erdkilometer« in die Tiefe trieb. Dort steckt der Stab noch immer und stimuliert die Vorstellungskraft.

Doch kein anderer Künstler hat die documenta so häufig und so konsequent zur Dokumentation seiner Entwicklung vom bedeutenden Zeichner und Bildhauer zum Aktionskünstler und Propagandisten eines »erweiterten Kunstbegriffs« genutzt wie Joseph Beuys (1921–1986). Sein Debüt auf der d3 mit Zeichnungen und Skulpturen aus Bienenwachs war vergleichsweise zahm; schon seine »Raumplastik« zur d4 offenbarte ihn als Pionier der Installationskunst. Und bei der d5 brachte er sich zum ersten Mal selber ins Spiel. 100 Tage lang machte er im Fridericianum das Büro seiner »Organisation für direkte Demokratie durch Volksabstimmung« zum Diskussionsforum über Kunst, Gott und die Welt. Er ließ sich selten vertreten, war zehn Stunden am Tag gesprächsbereit – auch bei der d6, wo nunmehr seine »Freie internationale Hochschule für Kreativität und interdisziplinäre Forschung« debütierte. Begleitet wurden damals die Dispute über »einen sozialen Organismus als Kunstwerk« von der Beuys-Installation »Honigpumpe am Arbeitsplatz«, in deren armdicken Schläuchen der süße Saft durchs Fridericianum pulsierte.

Mit noch größerem Einsatz engagierte sich Beuys bei der documenta 7 im Jahr 1982. Auf eigene Kosten hatte er 7000 Stelen aus Basaltgestein anfertigen und vor dem Fridericianum abladen lassen. Je eine davon sollte einen Baumstamm seiner Pflanzaktion »7000 Eichen« markieren, während der die Kasseler Stadtverwaltung allmählich einer »Stadtverwaldung« weichen sollte. Den ersten Baum pflanzte er selber, den letzten setzte seine Witwe Eva Beuys 1987 zur Eröffnung der documenta 8 vors Fridericianum. Dazwischen lagen Jahre, in denen das Projekt zu scheitern drohte, weil auch bezahlte Baumpatenschaften und Künstlerspenden die Kosten von 4,3 Millionen Mark nicht deckten. Als Beuys die Geldnot kommen sah, ließ er sich während der d7 die Kopie einer Zarenkrone stiften und schmolz sie in Kassel öffentlich zu einem »Friedenshasen« um, den dann ein süddeutscher Sammler für 777 000 Mark kaufte. Auch diese dubiose Aktion war Werbung für die documenta.

Abb.:
d7 – Joseph Beuys pflanzt 1982 den ersten Baum für seine »Aktion 7000 Eichen«

Postum war Beuys 1987 auf der d8 mit seiner Installation »Blitzschlag mit Lichtschein auf Hirsch« (1958–1985) präsent, und zur d9 ergab sich mit dem Ensemble »Wirtschaftswerte« von 1980 der siebente Beitrag des Schamanen aus Kleve.

Die 7000 Beuys-Bäume im Stadtbild von Kassel sind nicht zu übertreffen. Sie fallen freilich weniger auf als andere Künstler-Installationen, die spontan als Wahrzeichen einer documenta akzeptiert wurden und in der Stadt geblieben sind. Dazu gehören ein vom Architektenteam HausRucker Co. zur d6 errichteter »Rahmenbau«, der den Blick ins Fuldatal wie ein Kamerasucher begrenzt, und die Plastik »Man Walking to the Sky« des Amerikaners Jonathan Borofsky (d9), die in Kassel »Himmelsstürmer« heißt.

Verlass

»Auf einem zentral gelegenen Platz einer Stadt wird eine Gusseisenplatte in den Boden eingelassen. Erscheinungsform: Datum 27. Juni 1972 bis 23. März 1994. Ort: Bahnhofsplatz Kassel (Haupteingang). Die Platte wird am 23. März 1994 um 16 Uhr, nachdem Dieter Meier während 60 Minuten auf ihr gestanden haben wird, entfernt werden.«

Konzepttext von Dieter Meier, 1972

Ein individuelles Zeit-Zeichen setzte der Schweizer Aktionskünstler Dieter Meier. Bei der d5 legte er eine Eisenplatte vor den Kasseler Hauptbahnhof und versprach im Katalog, sie nach 22 Jahren nochmals eine Stunde lang zu betreten. Und am 23. März 1994 war Meier, inzwischen erfolgreicher Popmusiker, tatsächlich zur Stelle.

Aufregend neu: Medien, Räume, Perspektiven

Das Medium ist ein Apparat – zumindest bei der Kunst mit neuen Medien. Auf der documenta debütierte sie 1964 mit der d3-Abteilung »Licht und Bewegung«. Als Medien dienten ihr dort Elektromotoren und Relais, von denen »kinetische« Werke der Tüftler Jean Tinguely, Günther Uecker und Hermann Goepfert spielerisch in Rotation versetzt und mit Lichtimpulsen animiert wurden. Später wurde daraus Computerkunst, von der die d6 mit einem zeichnenden Roboter des Kaliforniers Harold Cohen ein frühes Meisterstück bot; die d10 produzierte erstmalig Kunst für das Internet, nutzte das Netz also als Kunstraum.

Die Apparate-Künste Fotografie und Film, von der d6 modellhaft in Hauptabteilungen präsentiert, spielten auch später eine wichtige Rolle – etwa in den großformatigen Foto-Inszenierungen des Kanadiers Jeff Wall (d7) oder Tho-

mas Struth (d8), die nun die schwächelnde Gattung Malerei enlasteten. Und seit der d6 war auch der koreanische Erfinder der Video-Kunst dabei – Nam June Paik. Während seine Kollegen das neue – und im Vergleich zur Filmtechnik ausgesprochen bequeme – Speichermedium noch zu allerlei elektronischen Tricks benutzten, bettete Paik 1977 seine mit Fernsehprogrammen vernetzten Monitore in einen üppig bepflanzten »TV-Garten« und entwickelte so das Genre Video-Installation, das sich bis zur documenta 8 bewährte. »Les larmes d'acier«, ein 1987 von der Belgierin Marie-Jo Lafontaine auf 27 Bildschirme verteiltes Bodybuilding, faszinierte das Publikum so nachhaltig wie die Installation »Roma« von Fabrizio Plessi: In einer künstlichen Katakombe entfesselte der Venezianer auf 43 Monitoren ein elektronisches Sisyphus-Gleichnis mit einem virtuellen Stein, der mit virtuellen Wassern kämpfte.

Mix

»Die Kunstszene arbeitet sich noch immer als Nachhut der Moderne ab, zehrt von Praktiken des Neodadaismus, der Pop-Art und des Konzeptualismus und frönt lustvoll einem pubertären Medien-Mischmasch.«

Kritiker Eduard Beaucamp, 20. Dezember 2001

Inzwischen hat der technische Fortschritt die Künstler vom Diktat des kleinen Monitors befreit. Dominierend sind nun randscharfe Großprojektionen von DVD-Videos, die jeden beliebigen Raum ohne Aufwand in ein komplexes Rundum-Kino verwandeln. Die Documenta 11 wird Beispiele dafür liefern. Fortsetzen dürfte sich dort auch eine ganz dem wirklichen Leben zugewandte Prozess- und Projektkunst der Forscher, Archivare, Entertainer und Dienstleister unter den jungen Künstlern, denen es nicht mehr auf verkäufliche Werke, sondern auf direkte gesellschaftliche Wirkung ankommt. Allein diese Variante der Sozialarbeit zählt; denn das autonome Kunstwerk, so lehrte die d10-Kuratorin Catherine David, sei ohnehin nur ein »Fetisch«, und der Künstler habe hinter seinem Projekt zu verschwinden. Ende der Kunst? Fortsetzung mit neuen Parametern.

Abb.: d6 – Stahlskulptur »Terminal« (1977) von Richard Serra

Bilanz am Beginn des 21. Jahrhunderts und nach 47 Jahren documenta-Geschichte: Auf den Eigensinn der Künstler ist meist mehr Verlass als auf Kritiker, die mitunter das Ende der Kunst herbeireden. Denn solange Künstler Unruhe stiften, kommt auch die Kunst nicht zum Stillstand.

Die documenta im Kunstbetrieb

Ihre Autorität auf der internationalen Kunstszene verdankt die Kasseler Superschau auch ihrer Größe und Weitläufigkeit. Kunstkritiker beklagen das. Doch das Publikum hat eigentlich nichts dagegen.

Glanz und Elend der Großausstellung

Hochspannung

»Die documenta als moderne Ausstellung und als Anti-Ausstellung zugleich, der Purismus nackter Wände neben der Bizarrerie extremer Raumspannungen – erst das markiert ihre historische Position und prägt ihren singulären Charakter.«

Manfred Schneckenburger, 1983

Die documenta-Serie begann 1955 mit einer *großen* Ausstellung und erfüllte bereits vier Jahre später die Kriterien einer *Großausstellung*. Aus einem Schauplatz waren drei geworden, statt 670 Werken gab es 1959 bereits 1770 zu sehen. Diese Menge überforderte Kritiker wie Publikum und führte zu guten Ratschlägen, sich künftig in Beschränkung zu üben. Geändert hat sich zum Glück wenig. Denn nicht zuletzt ihr Hang zur Größe, die Möglichkeit zu spannenden »Entdeckungsreisen treppauf, treppab, durch große Säle und kleine Kojen« (Manfred Schneckenburger), hat die documenta wichtig und umfassend werden lassen. Die Besucher – das haben Befragungen ergeben – kamen mit der Fülle gut zurecht. Sie lobten die Schau, auch wenn sie nicht alles hatten sehen können, weil zum Beispiel die offiziellen Führungen der documenta 10 höchstens ein bis zwei Dutzend Arbeiten streiften.

Dennoch kam es zu einer Krise. Denn die anfangs raren Großausstellungen aktueller Kunst waren plötzlich zahlreich geworden – vor allem in Deutschland. »Westkunst« (Köln 1981), »von hier aus« (Düsseldorf 1984), »Zeitgeist« (Berlin 1986), »Skulptur. Projekte in Münster« (1987) oder »Metropolis« (Berlin 1991) nannten sich hoch dotierte Ereignisse, die der documenta Konkurrenz machen wollten. Das gelang zwar nicht, mobilisierte aber das Misstrauen von Kritikern und Künstlern gegen die Kuratoren solcher Events, die documenta eingeschlossen.

Spielten sich diese Juroren und Arrangeure nicht längst

selber als Künstler auf, indem sie das einzelne Kunstwerk zum Mosaikstein in einem persönlichen Gesamtkunstwerk instrumentalisierten, als Bestandsaufnahme getarnt? Die Skepsis kulminierte 1989 während der verwirrend subjektiven Kölner Mammutschau »Bilderstreit«, deren Kuratoren von Künstlern wie Anselm Kiefer »Missbrauch unserer Namen im Zusammenhang mit belanglosen Ausstellungen« vorgeworfen wurde.

Unter den Fernwirkungen solcher Proteste litt Jan Hoets Vorbereitung der documenta 9 von 1992. Wichtige Künstler wollten nicht mitmachen, weil sie, so Hoet, »fürchteten, die neue documenta könnte auch so eine von den blöden Großausstellungen werden wie der Kölner ›Bilderstreit‹«. Hoet: »Ich habe jedenfalls Angst gehabt, wirklich richtige Angst.« Um Szene-Stars wie Mario Merz oder Günther Förg zu beschwichtigen, hat der Kurator Hoet ihnen (und anderen) dann jeden Wunsch von den Augen abgelesen. Heraus kam die weitläufigste documenta. Um sie ganz zu erleben, reichten zwei Tage nicht aus.

Die Rolle von Markt und Sponsoren

Von Anfang an war die Geschäftsgrundlage der documenta die künstlerische Unabhängigkeit ihrer Kuratoren. Sie allein bestimmten, was reinkam und wer draußen blieb, nahmen also Einfluss auf den internationalen Markt- und Stellenwert vieler Künstler. Und weil sich damit Macht verband, standen die Macher von Anfang an unter Beobachtung. Politischer Druck durch die Veranstalter blieben ihnen, wie gesagt, erspart. Abgewiesene Künstler, die sich unter Hinweis auf den Gleichheitsgrundsatz der Verfassung und die öffentlichen Zuschüsse in eine documenta einklagen wollten, unterlagen regelmäßig vor Gericht. Weniger strikt lässt sich der Einfluss des internationalen Kunsthandels auf die Kasseler Weltschau verneinen, und seit die documenta verstärkt um Sponsoren wirbt, gibt es auch darüber Diskussionen.

Brüsk abgewehrt wurde im Vorfeld der d3 ein Pressionsversuch der berühmten Pariser Galerie Bernheim jeune, die eine Bitte um Ausleihe von Gemälden des Expressionisten Chaim Soutine von der documenta-Teilnahme einer unbekannten Realistin aus ihrem Galeriekader abhängig machen wollte. Die Realistin blieb weg, und auf die Soutines wurde verzichtet. Mehr Glück hatte damals der Berliner Bildhauer Bernhard Heiliger, der seinem Freund Arnold Bode ein riesiges Gipsrelief für die Plastikschau in der Orangerie aufzudrängen verstand – was allerdings intern zu saftigen Krächen führte.

Seinerzeit spielte der Kölner Galerist Hein Stünke als Berater, Geldbeschaffer, aber auch als Leihgeber, eine Hauptrolle in den Gremien der documenta – das reichte im Revolutionsjahr 1968 zum Vorwurf einer kommerziellen Unterwanderung der ganzen d4.

Nicht eine!

»Dass die documenta mich ganz übergangen hat und nicht eine Zeichnung von mir verlangte, hat mich quasi den ganzen Sommer lang sehr geschmerzt und mir üble Stimmungen verursacht, aber man muss weiter arbeiten, wenn ich auch schon ziemlich am Ende meines Lebens stehe.«

Maler Hans Purrmann, Jahrgang 1880, in einem Brief vom Herbst 1964

Ganz ohne Leihgaben des Kunsthandels kam jedoch noch keine documenta aus. In der Tat existiert eine Art Symbiose: Viel versprechende neue Talente werden seit gut 100 Jahren von kommerziell arbeitenden Galeristen entdeckt und aufgebaut – neuerdings auch mit dem Ziel, eines Tages einem Kurator der documenta positiv aufzufallen. Dieser Zusammenhang erklärt zum Beispiel die von einem Kritiker gerügte Teilnahme fast aller Künstler der Galerien Sperone und Konrad Fischer an der d5, macht aber damit den Kurator Szeemann noch nicht zum Handlanger einer Kunsthandelsmafia.

Die documenta als Kunst-Kaufhaus

Heikler ist die Rolle der documenta als Kunst-Kaufhaus: Seit 1955 hat sie ausgestellte Werke regelmäßig an Sammler, Museen oder Galeristen vermittelt und dafür 15 Prozent Provision kassiert. Bereits die d3 erzielte rund 66 000 Mark.

Hinzu kamen 1964 die Erlöse aus einer erstmals während der documenta 3 angebotenen Edition von 35 gestifteten Grafiken (Auflage je 100) und Kleinplastiken, mit denen über den Verein »documenta-Foundation e.V.« Bodes Plastikschau im Auepark bezahlt wurde. Spätere Folgen der documenta bis hin zur zehnten behielten dieses Finanzierungsinstrument bei und verkauften Editionen von Werken beteiligter Künstler. Das Angebot der documenta 9 – 350 Mappen à sechs Blätter – entsprach 1992 einem Marktwert von 1,5 Millionen Mark.

Doch was ist mit den Sponsoren? Anfangs, als Arnold Bode die AEG zur Stiftung von Leuchtstoffröhren animierte, hießen sie noch Spender und waren es wohl auch. Doch schon beim riesigen Luftpaket der d4 kündigte sich ein Wechsel an. Der Künstler Christo war hier sein eigener Sponsor: Er finanzierte das Abenteuer mit 70 000 Dollar aus eigener Tasche; die documenta hatte nur 5000 Dollar für ihn übrig.

Mit 750 000 Mark, gezahlt von einer Stiftung, erkaufte sich 1977 der Amerikaner Walter De Maria die spektakuläre Bohraktion für seinen »Vertikalen Erdkilometer«. 150 000 Mark von einem Walzwerk ermöglichten 1987 das documenta-Kunstwerk »Street Level« des Stahlplastikers Richard Serra. Und 800 000 Mark von Sony für die Video-Abteilung der d8 waren dem Land Hessen eine ungewöhnliche Dankesgeste wert: Die grandiosen Wasserspiele des Bergparks Wilhelmshöhe sprudelten mitten in der Nacht zur Privatparty des Sponsors am Fuß der Kasseler Herkules-Kaskaden.

Ausweichmanöver

»Wenn man bei den Museen nichts bekam, musste man zum Kunsthandel gehen. Und es kann sein, dass wir dem einen oder anderen gewisse Konzessionen machen mussten. Keine wichtigen!«

Arnold Bode, 1977

Die d7 war noch mit 50 Sponsoren ausgekommen; die d8 hatte schon 100, und die d9 betrieb auch gezieltes Merchandising, indem sie für Pralinen mit documenta-Logo, documenta-Bleistifte, Sticker, T-Shirts und documenta-Notizbücher Lizenzgebühren kassierte. Sponsor Reemtsma verkaufte in Kassel eine documenta-Version seiner Zigarettenmarke »West« sowie documenta-Feuerzeuge mit der Aufschrift: »Kunst bietet keine klaren Antworten. Nur Fragen. Jan Hoet«.

Angeblich weil er einem potentiellen Sponsor zu viel versprochen hatte, trennte sich Catherine David noch vor Eröffnung der documenta 10 von einem Geschäftsführer. Aber auch sie konnte nicht verhindern, dass ihre Schau mit

Privatgeld unterfüttert wurde. Und duldete unter anderem den Verkauf von Baseballkappen oder Klappschirmen mit dem documenta-Signet.

Kultur-Sponsoring gehört inzwischen zum Alltag – und ist im Fall der documenta dennoch ärgerlich: Die Superschau des aktuellen Kunstbetriebs machte 1997 immerhin erstmals 1,4 Millionen Mark Gewinn und ist auch 2002 mit über 12 Millionen Euro so üppig wie keine andere Schau ihrer Gattung dotiert. Wenn die öffentlichen Zuschüsse nicht ausreichen, sollte die Wirtschaft lieber wieder spenden wie in den kargen Anfangszeiten der Kasseler Institution.

Seit ihrer Gründung verdient die documenta an Kunstverkäufen; seit 1964 legt sie Editionen auf – und mittlerweile ist sie auch für Sponsoren aus der Wirtschaft interessant. Die Kuratoren fühlen sich weiterhin unabhängig. Sie sind es wohl auch.

Abb.:
d4 – »5450-Kubikmeter-Luftpaket« (1968) von Christo auf der Karlswiese im Auepark

Rückblicke und Ausblicke

Viele der einst empörenden documenta-Skandale taugen inzwischen allenfalls als Indiz für die Kunstwetterlage von damals. Doch chronische Probleme, wie die mangelhafte öffentliche Vermittlung oder Vandalismus, sind noch immer ungelöst.

Was alles so hängen bleibt

Blass

»Diese Stadt hat keine Eigenart und keine intellektuelle Tradition. Abgesehen von einer Clique alter Dummköpfe aus der Zeit von Arnold Bode, die glauben, dass man dessen documenta-Schauen unendlich wiederholen kann.«

d10-Kuratorin Catherine David, 1996

Die Geschichte der documenta ist auch eine *Chronique scandaleuse*. Zunächst trübten Finanzprobleme den Glanz der jungen Institution, später (d4 bis d7) musste sie sich bereits vor Ausstellungsbeginn der leidenschaftlichen Kritik um Konzept und Programm stellen. Seit die Kuratoren vor documenta-Beginn keine Konzepte mehr publizieren müssen, entfallen diese engagierten Vorgefechte – leider.

Ersten kulturpolitischen Streit brach 1965 Hessens Generalstaatsanwalt Fritz Bauer (SPD) vom Zaun, als er in einem Interview die Kasseler documenta für die Stadt Frankfurt beanspruchte. Ob documenta-Vater Arnold Bode (SPD) hinter dieser Attacke steckte, um seinem Kasseler OB Karl Branner (SPD) endlich das Ja zur noch nicht genehmigten documenta 4 zu entlocken, wurde nie geklärt. Doch Branners Ja kam damals unverzüglich. Eher lokal blieb die Aufregung um ein arrogantes Statement im »FAZ«-Magazin, mit dem die d10-Kuratorin Catherine David der Stadt Kassel 1996 »Eigenart« und »intellektuelle Tradition« absprach.

Knapp 20 Jahre zuvor, 1977, wäre die Abteilung Handzeichnungen der d6 beinahe zum Opfer von Regenfluten geworden, die sich während des Hängens über die Wände der vor Wiederaufbaumängeln strotzenden Orangerie im Auepark ergossen. Überstanden wurden zwei Lohnstreiks des Wachpersonals kurz nach Eröffnung von d5 und d9 – und handfeste Künstlerkräche, die beispielsweise darauf hinausliefen, dass der Kinetiker Jesus Raphael Soto aus Venezuela der d4 fern blieb, weil ein anderer Kinetiker (Heinz Mack, Deutschland) nicht eingeladen worden war. Die Schweizer Malerin Miriam Cahn packte bei der d7 ihre Kunst wieder ein, als ihr ein anderer Platz zugewiesen werden sollte; Kunststars wie die Amerikaner Julian Schnabel und Jeff Koons wurden nie eingeladen.

Einmal, 1959, entfernte die documenta-Leitung kurz nach Eröffnung ein Bildobjekt – angeblich, um möglicher Beschädigung zuvorzukommen. Doch es war ausgerechnet die vom New Yorker Co-Kurator Porter A. McCray ausgewählte frühe Pop-Ikone »The Bed« (1955) des Amerikaners Robert Rauschenberg, die nicht ins abstrakte Umfeld der d2 passte. Einmal verzögerte sich die Ankunft eines Bildes von Karel Appel (Niederlande) – der Künstler malte das Riesenformat in der Nacht vor dem d3-Beginn direkt auf die Wand. Und am Schluss der d5 trat Joseph Beuys 1972 in einem Boxmatch über drei Runden gegen seinen Bildhauerkollegen Abraham David Christian an. Das war ausnahmsweise keine Performance, sondern ernst gemeinter Schlagabtausch politischer Gegner.

Punktabzug

»Die hessische Möchtegern-Metropole hat sich als Austragungsort eines zeitgenössischen Kunstspektakels endgültig disqualifiziert. Da lässt der Oberbürgermeister die legendäre documenta-Treppe einfach mit der Begründung abreißen, sie führe ins Nichts und stieße bei der Bevölkerung auf Ablehnung.«

»Berliner Morgenpost«, 20. Februar 2002

Demontage und Blamage

Die documenta-Stadt Kassel ist auch als Kunstzerstörerin berüchtigt. Ihre erste Demontage leistete sie sich 1986 im Auepark, wo die Stadt zur Vermeidung von Wartungskosten eine schöne, sechs Meter hohe Backsteinskulptur beseitigte, die ihr der dänische Star-Künstler Per Kirkeby nach der d7 von 1982 zum Geschenk gemacht hatte. Noch nachhaltiger ins Zwielicht geriet Kassels Ruf als Kunststadt durch den illegalen Abriss einer Installation der documenta 9, für den sich drei Magistratsmitglieder, darunter der Oberbürgermeister Georg Lewandowski (CDU), im Februar 2002 sogar vor Gericht verantworten mussten. Mit freiwilligen Geldbußen zwischen 13 000 und 15 000 Euro vermieden sie ein Urteil zum Vorwurf der Untreue.

In nächtlicher Geheimaktion entsorgt hatten die Angeklagten eine 1992 vom Hamburger Landschaftsplaner Gustav Lange im Auftrag der Stadt auf dem zentralen Königsplatz errichtete elf Meter hohe Freitreppe aus Holz. Die war zwar peinlich belanglos und vom Kurator Jan Hoet nur dem damaligen OB Wolfgang Bremeier (SPD) zuliebe in den Katalog der d9 aufgenommen worden – angeblich, um die vielen Bürgern als »Monstrum« verhasste Stiege dem Volkszorn zu entziehen. Dank Hoets Geste hatte die Treppe fortan als Kunstwerk zu gelten – auch juristisch. Die von Bremeiers Nachfolger Lewandowski bereits im Wahlkampf versprochene Beseitigung der Treppe war deshalb nur mit Zustimmung des Künstlers Lange möglich. Doch statt Lange zu überzeugen, ließ die Stadt ihn prozessieren und demontierte schließlich im August 2000 das noch von einer Einstweiligen Verfügung vor Abriss geschützte Werk.

Die Treppenposse wirft Kassel auf den Status der Provinzstadt zurück und lenkt die Erinnerung auch auf zwei versäumte Chancen: Verspielt wurde die Möglichkeit, mit einer »documenta urbana« genannten Bauausstellung internationale Maßstäbe für das notorisch desolate Kasseler Stadtbild zu gewinnen. Es blieb bei einer 1982 realisierten Mustersiedlung auf der grünen Wiese, die zwar den Namen »documenta urbana« erhielt, aber nicht verdiente. Und auch für Arnold Bodes utopisches »Oktogon-Projekt« – documenta-Installationen in den grandiosen Raumfluchten des Kasseler Herkules-Denkmals – konnte die Stadt keinen Kurator begeistern. Die Pragmatiker nach Bode scheuten Abenteuer, schon die Frauenquote machte ihnen zu schaffen: Das Gros aller 2552 documenta Teilnehmer von 1955 bis 1997 war männlichen Geschlechts. Lediglich 259 Künstlerinnen (10,1 Prozent) wurden zugelassen, davon fünf immerhin dreimal und eine – Rebecca Horn – viermal.

Anzahl der Künstlerinnen d1 bis d10

d1	7	4,7 Prozent
d2	14	0,7 Prozent
d3	10	3,4 Prozent
d4	5	3,3 Prozent
d5	18	8,1 Prozent
d6	69	14,0 Prozent
d7	27	16,2 Prozent
d8	52	12,6 Prozent
d9	28	14,5 Prozent
d10	29	20,0 Prozent
	259	10,1 Prozent

(von 2552 Teilnehmern)

d9 – Gustav Langes Kunstwerk »Königsplatz-Treppe« (1992) wurde nach Bürgerprotesten im Jahr 2000 beseitigt

Intellekt contra Eventkultur

d-Ranking

Ranglisten sind ein eher spielerischer Beitrag zur Kunstdebatte. Doch da die Zahl derer abnimmt, die auf alle bisherigen Folgen der documenta-Serie zurückblicken können, riskiert der Autor folgende subjektive Bewertung:

1. documenta 1
2. documenta 5
3. documenta 3
4. documenta 6
5. documenta 9
6. documenta 2
7. documenta 7
8. documenta 4
9. documenta 8
10. documenta 10

Bilanz nach 47 Jahren Welterfolg: Die documenta ist ein Seiltanz ohne Netz und ihre Zukunft so unabsehbar wie die Entwicklung der Kunst. Ihr Hauptproblem bleibt die chronisch schwierige Vermittlung des Neuen und Unerprobten. Denn allzu oft überzeugten ja die immer bunteren Kataloge, die immer kundigeren Führungen und »Besucherschulen« von Bazon Brock oder die seit der d8 angebotenen griffigen Kurzführer nicht einmal die Fachwelt. Das dokumentieren nicht zuletzt Stapel verheerender Kritiken.

Und seit der d2, bei der erstmals nachts Plastiken vom Sockel gekippt wurden, schlägt die Ratlosigkeit eines von den Zumutungen aktueller Kunst verstörten Publikums regelmäßig um in Vandalismus. Metallskulpturen wurden verbogen, Filzbahnen von Beuys beschädigt und Gemälde zu Dutzenden mit Filzstift kommentiert oder mit brennenden Zigaretten durchlöchert. Selbst eine zur d7 (1982) als »Notärztin« für ramponierte Kunst eingesetzte Restauratorin konnte nicht verhindern, dass Arbeiten von Marisa Merz und Richard Tuttle heimlich abgehängt und mitgenommen wurden.

Schon während der d5 protestierte ein Bauer aus Schleswig-Holstein gegen die in seinen Augen dekadente Veranstaltung mit einer vors Fridericianum gekippten Fuhre Mist. Und kam prompt ins Fernsehen. Denn längst hatte sich die documenta zu einem Event entwickelt, das mit eigenen Zusatzprogrammen (Film, Theater, Musik) sowie Dutzenden von Begleitveranstaltungen in Museen, Fabrikhallen, Galerien und Kirchen ein Heer von Trittbrettfahrern aktivierte. Sie entrollten Transparente, verteilten Flugblätter, verkauften Bücher und schmuggelten wiederholt auch eigene Werke neben die im Freien aufgebauten documenta-Installationen.

Dieser Kunst-, Protest-, Alternativ- und Kommerz-Zirkus gehört zwar inzwischen zum Flair, zwingt aber die documenta auch zum Gegensteuern. So entging Catherine David »der ständig zunehmenden Instrumentalisierung und Vermarktung der ›zeitgenössischen Kunst‹ und ihrer ... Zurichtung zum Spektakel« nur durch die spröde Hermetik ihrer d10. Sie hatte dabei Glück, denn trotzdem stimmte die Kasse. Auch von Okwui Enwezors Kasseler Weltschau wird 2002 ein Publikumshit erwartet. Doch abseits jeder Eventkultur startete er seine D11 bereits im März 2001 mit so genannten »Plattformen«. Auf internationalen Symposien in Wien, Berlin, Neu-Delhi, St. Lucia und Lagos diskutierten Experten die politischen, soziologischen und kulturellen Voraussetzungen heutiger Kunst im Zeichen der Globalisierung.

Auf diesen Diskurs antworten nun an fünf Kasseler Schauplätzen über 100 documenta-Teilnehmer aller Erdteile mit ihren künstlerischen Mitteln.

Je erfolgreicher sich die documenta zum Publikumsmagnet entwickelte, desto konsequenter entzogen sich ihre Kuratoren dem Sog der herrschenden Event-Kultur. Ihre intellektuelle Potenz garantiert der Kunst und der documenta eine – hoffentlich – humane Zukunft.

documenta 1–11 kompakt: Namen, Zahlen, Fakten

1955: documenta 1

15. Juli bis 18. September 1955

Kunst des XX. Jahrhunderts. Internationale Ausstellung im Museum Fridericianum in Kassel

Arbeitsausschuss: Prof. Arnold Bode, Dr. Werner Haftmann, Dr. Alfred Hentzen, Dr. Kurt Martin, Prof. Hans Mettel

Sekretariat: Dr. Herbert Freiherr von Buttlar

Ausbau des Museums und Einrichtung der Ausstellung: Arnold Bode

Ein selbstbewusster Anfang: »Der Gedanke, heute eine internationale Ausstellung der Kunst des 20. Jahrhunderts in Deutschland zu veranstalten«, schrieb der Malerei-Experte Werner Haftmann, »liegt so nahe, dass er keine nähere Begründung zu erfordern scheint.« Träger der ersten documenta war ein privater Verein; das Konzept diktierte die Zeitgeschichte: documenta-Gründer Arnold Bode zeigte der »heraufwachsenden Jugend« (Katalog), was die Nazis erfolglos unterdrückt hatten: 670 Werke der Jahre 1905 bis 1955 von 148 Künstlern aus 13 Ländern dokumentierten in der notdürftig ausgebauten Ruine des ausgebombten Museums Fridericianum »Entwicklung und europäische Verflechtung der modernen Kunst«. Als Beiprogramm zu einer Bundesgartenschau war diese documenta die kürzeste. Binnen acht Wochen kamen 134 850 Besucher. So großen Zuspruch hatte niemand erwartet, daher kam Bode auch mit Ausgaben in Höhe von 364 000 Mark (186 000 Euro) zurecht, obwohl der öffentliche Zuschuss nur 200 000 Mark betragen hatte. Bemerkenswert aus späterer Sicht: Zur Ur-documenta gehörten auch eine Architektur-Sektion (mit Fotos) sowie die Retrospektive »40 Jahre Film«. Im Katalog waren 20 Sponsoren als »Spender« aufgeführt, sechs davon bereits damals mit ihrem Firmenlogo.

1959: documenta 2

11. Juli bis 11. Oktober 1959

Internationale Ausstellung. Museum Fridericianum, Orangerie, Bellevue-Schloss

Ausstellungsleitung: Prof. Arnold Bode

Ausschuss Malerei und Skulptur: Prof. Arnold Bode, Dr. Herbert Freiherr von Buttlar, Ernest Goldschmidt, Prof. Dr. Will Grohmann, Dr. Werner Haftmann, Prof. Dr. Ernst Holzinger, Prof. Dr. Kurt Martin, Dr. Werner Schmalenbach, Dr. Eduard Trier

Ausschuss Druckgrafik: Prof. Arnold Bode, Dr. Werner Schmalenbach, Heinrich Stünke

Sekretariat: Rudolf Zwirner

Ausstellungsarchitektur: Prof. Arnold Bode

Bei ihrer ersten Wiederholung ließ Arnold Bode die documenta explodieren: 326 Künstler aus 23 Ländern zeigten drei Monate lang 1770 Werke der Malerei, der Grafik und der Plastik, für die erstmals Freiraum erschlossen wurde – die schon zum Abriss bestimmte Kriegsruine der Orangerie im Auepark (heute zum Technik-Museum ausgebaut). Zu groß, stöhnten Kritiker und 137 000 Besucher, die für drei Katalogbände 34 Mark zahlen mussten. Hauptstreitpunkt aber waren die Werke: Die meisten stammten aus den Jahren nach 1945 und waren abstrakt. In dieser »Weltsprache«, so der documenta-Vordenker Haftmann, artikulierten sie Energieflüsse, Psychogramme und kosmische Prozesse. Die Schlussbilanz ergab ein Defizit: Bei Kosten von knapp einer Million Mark (511 000 Euro) waren rund 250 000 Mark nicht durch Einnahmen gedeckt.

1964: documenta 3

27. Juni bis 5. Oktober 1964

Alte Galerie, Museum Fridericianum, Orangerie

Ausstellungsleitung: Prof. Arnold Bode

documenta-Rat: Prof. Arnold Bode (Vorsitzender), Senator a. D. Dr. Adolf Arndt, Prof. Dr. Hermann Ulrich Asemissen, Dr. Gerhard Bott, Oberbürgermeister Dr. Karl Branner, Dr. Herbert Freiherr von Buttlar, Jupp Ernst, Prof. Dr. Will Grohmann, Dr. Werner Haftmann, Bürgermeister Karl Hemfler, Prof. Dr. Alfred Hentzen, Prof. Dr. Erich Herzog, Staatsminister Dr. Lauritz Lauritzen, Heinz Lemke, Prof. Dr. Kurt Martin, Günther Neske, Staatsminister Prof. Dr. Ernst Schütte, Dr. Günter Skopnik, Prof. Dr. Eduard Trier, Dipl.-Ing. Robert Völker, Prof. Fritz Winter

Sekretariat, Presse: Karl-Heinz Nowotny †, Alfred Nemeczek

Ausstellungsarchitektur: Prof. Arnold Bode

Arnold Bode zum letzten Mal im Duett mit Werner Haftmann: Der Kunsthistoriker brachte die Alte (jetzt »Neue«) Galerie, eine Ruine, mit herrlichen Handzeichnungen der letzten 80 Jahre zu frischem Glanz. Bode überwältigte mit der Retrospektive »Meisterkabinette«, richtete mit kinetischer Kunst die Abteilung »Licht und Bewegung« ein und experimentierte mit »Bild und Skulptur im Raum«. Erstmals warb Bode mit dem Slogan »Museum der 100 Tage«, halfen Künstler mit einer Edition gestifteter Arbeiten, die Schau zu finanzieren. Zur Diskussion sollte auch die Aktualitätenabteilung »Aspekte« beitragen, doch ein zu groß gewordenes Auswahlgremium (»documenta-Rat«) schenkte der aufkommenden Pop-Art kaum Beachtung, gab aber Joseph Beuys seine erste documenta-Chance. Das US-Nachrichtenmagazin »Time« ernannte die von 200000 Besuchern frequentierte d3 mit ihren 1414 Werken von 298 Künstlern aus 21 Ländern zur »wichtigsten europäischen Kunstausstellung des Jahrzehnts«. Doch wieder reichte der Etat (1,4 Millionen Mark, 716 000 Euro) nicht aus, so dass ein Fehlbetrag von rund 402 000 Mark ausgeglichen werden musste.

1968: documenta 4

27. Juni bis 6. Oktober 1968

Internationale Ausstellung. Neue Galerie, Museum Fridericianum, Orangerie

Ausstellungsleitung: Prof. Arnold Bode

documenta-Rat: Prof. Arnold Bode (Vorsitzender), Dr. Theodor Ascher, Prof. Dr. Hermann Ulrich Asemissen, Dr. Gerhard Bott, Oberbürgermeister Dr. Karl Branner, Prof. Dr. Herbert Freiherr von Buttlar, Prof. Werner Düttmann, Dr. Klaus Gallwitz, Dr. Günther Gercken, Eugen Gomringer, Prof. Günter Grzimek, Dietrich Helms, Karl Hemfler, Prof. Dr. Erich Herzog, Bernhard Hoffmann, Prof. Dr. Max Imdahl, Dipl.-Ing. Jean Leering, Heinz Lemke, Prof. Dr. Kurt Martin, Dr. Herbert Pée, Arnold Rüdlinger †, Regierungspräsident Alfred Schneider, Prof. Albert Schulze Vellinghausen †, Staatsminister Prof. Dr. Ernst Schütte, Hein Stünke, Prof. Dr. Eduard Trier

Sekretariat: Jürgen Harten

Ausstellungsarchitektur: Prof. Arnold Bode

Eine Krisen-documenta. Zwei Mitglieder des documenta-Rates sterben, drei (Haftmann, Schmalenbach, Winter) treten während der Vorbereitungen aus. Beim Hängen der Bilder kommt es zur Entmachtung Bodes durch den holländischen Museumsmann Jean Leering. Laute Proteste gegen diese angebliche »documenta der Händler« stören die Eröffnung. Dennoch: Zum ersten Mal waren die 1000 Werke der nur 150 Teilnehmer aus 17 Ländern (fast) ganz aktuell. Nachgeholt wurden im Museum Fridericianum und in der Neuen Galerie alle Spielarten der amerikanischen Pop-Art und der kargen Minimal Art. Den meisten Anklang jedoch fand eine »moderne Geisterbahn« (so die Kritik) mit Räumen von Installations- und Kinetikkünstlern wie Joseph Beuys oder Edward Kienholz. Vor der Orangerie, wo diesmal nur wenige Skulpturen standen, faszinierte Christo: Zweimal riss beim Aufrichten die teure Kunststoffhülle seines phallischen Luftpakets, doch er gab nicht auf, bevor es mit neuer Hülle senkrecht stand. 225000 Besucher.

Dank rigider Kostenkontrolle erzielte diese documenta (Etat 2 Millionen Mark, 1,02 Millionen Euro) 41000 Mark Überschuss.

1972: documenta 5

30. Juni bis 8. Oktober 1972

Befragung der Realität – Bildwelten heute.
Neue Galerie, Museum Fridericianum

Generalsekretär: Harald Szeemann

Arbeitsgruppe: Dr. Jean-Christophe Ammann, Prof. Arnold Bode, Harald Szeemann. Freie Mitarbeiter: Dr. Ingolf Bauer (Bilderwelt und Frömmigkeit), Prof. Karl Oskar Blase (Videothek), Prof. Bazon Brock (Audiovisuelles Vorwort), François Burckhardt (Spiel und Wirklichkeit), Dr. Johannes Cladders, Reiner Diederich, Richard Grübling (Politische Propaganda), Konrad Fischer, Klaus Honnef (Idee und Idee/Licht), Sigurd Hermes (Filmschau), Prof. Dr. Hans Heinz Holz (Katalogvorwort), Dr. Eberhard Roters (Trivialrealismus), Prof. Dr. Theodor Spoerri (Bildnerei der Geisteskranken), Pierre Versins (Science-Fiction), Charles Wilp (Werbung). Als Gast: Kasper König (Maus Museum)

Sekretariat: Gerald Just

Technische Leitung und Einrichtung: Dipl.-Ing. Lorenz Dombois, Jacques Caumont

Von der Räte-documenta zum Intendanten-Modell: Der Schweizer Generalsekretär Harald Szeemann präsentierte ein Konzept und bestimmte allein über Inhalte und Mitarbeiter. In ihrem enzyklopädischen Programm »Befragung der Realität – Bildwelten heute« brachte die d5 den aktuellen Kunsttrend Fotorealismus ebenso überzeugend unter wie die Hauptabteilung »Individuelle Mythologien«, darunter ein Büro für direkte Demokratie von und mit Joseph Beuys. Das ergab knapp 1100 Kunstwerke, Filme und Performance-Akte von 222 eingeladenen Künstlern aus 21 Ländern. Daneben bot Szeemann zusätzlich über 1500 Gebrauchsbilder und Alltagsobjekte als Kontrast und zum Vergleich – also

Devotionalien, »Trivialemblematik« genannten Kitsch, politische Propaganda, Science-Fiction, Werbung und »Bildnerei der Geisteskranken«. »Elitärer ist nur noch Bayreuth«, urteilte die »FAZ« über diese intellektuell brillanteste documenta, die einen komplexen Bild- und Kunstbegriff umfassend auf den Prüfstand holte. 230000 Besucher. Der Etat betrug 3,5 Millionen Mark (1,8 Millionen Euro). Als Szeemann die Ausgaben um rund 300000 Mark überzog, sollte er persönlich haften.

1977: documenta 6

26. Juni bis 2. Oktober 1977

Museum Fridericianum, Neue Galerie, Orangerie, Karlsaue, Innenstadt

Künstlerischer Leiter: Manfred Schneckenburger

documenta-Komitee: Arnold Bode, Gerhard Bott, Edward Fry, Erich Herzog, Klaus Honnef, Jan van der Marck, Wieland Schmied, Evelyn Weiss

Konzeptausschuss: Lothar Romain, Manfred Schneckenburger

Ausstellungsarchitektur: Alfred Kilian, Klaus Hüsch

Der Stuttgarter Manfred Schneckenburger als künstlerischer Leiter war eine Notberufung, die sich als Glücksfall erwies. Statt sich mit Konzepten zu plagen, vertraute der mit einem Etat von 4,5 Millionen Mark (2,3 Millionen Euro) ausgestattete Pragmatiker auf seine Stärke als Spezialist für Skulptur: Unter großem Mediengetöse ließ er den Amerikaner Walter De Maria eine 1000 Meter lange Messingstange als »Vertikalen Erdkilometer« in den Kasseler Friedrichsplatz senken und den stählernen »Terminal« von Richard Serra errichten. Auch im Auepark und im Stadtraum entstanden viele großartige Installationen. Daneben erhob diese »Medien-documenta« erstmals Fotografie, Film, Video, Künstlerbuch und Performance ausdrücklich in den Rang legitimer Kunstgattungen. Zum zweiten Mal in der documenta-Geschichte gab es ein Defilee der Handzeichnung. Ärger brachte Schneckenburger der Entschluss, zum ersten Mal auch Künstler der DDR einzuladen. Aus Protest gegen Willi Sitte, Bernhard Heisig, Werner Tübke und Wolfgang Mattheuer hängten Georg Baselitz und Markus Lüpertz am Eröffnungstag ihre Gemälde ab. 492 Künstler aus 39 Ländern, 1400 Werke, 355000 Besucher. Kein Defizit. Einen Tag nach Schluss der d6 starb Arnold Bode.

1982: documenta 7

19. Juni bis 28. September 1982

Museum Fridericianum, Orangerie, Neue Galerie, Auepark

Künstlerischer Leiter: Rudi Fuchs

Künstlerischer Beirat: Coosje van Bruggen, Germano Celant, Johannes Gachnang, Gerhard Storck

Architektur und grafische Gestaltung: Walter Nikkels

Konsequent inkonsequent war die Schau des Niederländers Rudi Fuchs: Er kündigte ein »Gedicht« von 40 Künstlern an und landete bei einer »großen Erzählung« mit rund 1000 Werken von 167 Künstlern aus 20 Ländern. Er setzte auf »museale« Stimmung, doch ihre Kraft empfing diese documenta mit ihren 380 000 Besuchern durch Werke im Freien. Vor dem Fridericianum lagerten 7000 Basalt-Stelen – Zeichen des Versprechens (oder der Drohung) von Joseph Beuys, in Kassel 7000 Eichen zu pflanzen und jede mit einem Stein zu markieren. Claes Oldenburg stellte seine riesige Spitzhacke ans Fuldaufer, Per Kirkeby mauerte neben der Orangerie einen Pavillon. In den Sälen triumphierte der Trend jener Jahre: Ob Neue Wilde aus Deutschland oder Transavanguardia aus Italien – von der neuen expressiven Inhaltsmalerei erwartete das Publikum Genuss. Doch eine Rückkehr zum Schönen fand nicht statt; gemalt wurde vielmehr konzeptuell und somit postmodern. Die documenta 7 kostete 7,5 Millionen Mark (3,8 Millionen Euro). Kein Defizit.

1987: documenta 8

12. Juni bis 20. September 1987

Museum Fridericianum, Orangerie, Auepark und Stadtraum

Künstlerischer Leiter: Manfred Schneckenburger

Künstlerischer Beirat: Vittorio Fagone, Edward F. Fry, Wulf Herzogenrath, Lothar Romain, Armin Zweite. Mitarbeiter: Heinrich Klotz (Ideales Museum), Michael Erlhoff (Design), Elisabeth Jappe (Performance), Wolfgang Preikschat (Videothek), Klaus Schöning (Audiothek)

Ausstellungsarchitektur: Vladimir Lalo Nikolic

Eine zerstrittene Findungskommission – 30 Mitglieder – hatte sich auf den Kompromiss verständigt, den Niederländer Edy de Wilde und den Schweizer Harald Szeemann gemeinsam als Kuratoren zu berufen. Doch das lehnten beide ab. Zum Retter wurde wiederum (wie bereits zehn Jahre zuvor) der Praktiker Manfred Schneckenburger, der diesmal erst recht freie Bahn hatte. Wieder erschloss er der documenta vernachlässigte Themenfelder: Eine Audiothek richtete er ein, dazu Klang- und Videoräume. Im öffentlichen Raum der Stadt gab es erneut attraktive Freiluft-Installationen; postum wurde die letzte Beuys-Eiche gepflanzt – der Künstler war 1986 gestorben. Vor allem aber integrierte Schneckenburger die Disziplinen Architektur und Design so konsequent in sein Konzept, dass die Grenzen zwischen freier und angewandter Kunst fließend wurden. Rund 520 Werke und Darbietungen von 412 Künstlern und Künstlerteams aus 24 Ländern waren zu erleben – die meisten davon in den Abteilungen Audio, Video und Performance. Dominierend waren auch im Museum Fridericianum und in der Orangerie diesmal Installationen. Mit 486 811 Besuchern war auch diese documenta erfolgreich. Kosten: knapp 10 Millionen Mark (5,11 Millionen Euro). Defizit: 910 000 Mark – eine Summe, über die nicht lange geredet wurde, denn die Gäste hatten viel Geld in Kassel gelassen.

1992: documenta 9

13. Juni bis 23. September 1992

Museum Fridericianum, documenta-Halle, Neue Galerie, Ottoneum, Bellevueschloss (Grimm-Museum), AOK-Gebäude, Tiefgarage Theatervorplatz, Temporäre Bauten im Auepark, Orangerie, Aueparkgelände, Stadtraum

Künstlerische Leitung: Jan Hoet

Team: Bart de Baere, Pier Luigi Tazzi, Denys Zacharopoulos

Presse: Claudia Herstatt

Ausstellungsarchitektur: Paul Robbrecht

Die Findungskommission hatte ins Schwarze getroffen: Mit dem belgischen Museumschef Jan Hoet aus Gent gewann die documenta einen charismatischen Macher, der nichts für sich und alles für die Kunst wollte. Und für die Kunst mimte er je nach Situation den Clown, den Zirkusdirektor oder den Philosophen. Bei nächtelangen »Marathongesprächen« in Gent und in Weimar palaverte er sich an eine Schau mit rund 1000 Werken ohne präzises Konzept heran, die nur einer Maxime gehorchte: Die 196 Künstler aus 43 Ländern durften darbieten, was sie wollten – selbst zusätzliche Installationen im Freien. So entstand eine überladen ausufernde und unübersichtliche documenta, deren Katalog die Fülle nicht fasste. Kaum eine documenta erntete so hämische Kritiken, aber keine sah auch ihr offenes System hinterher so gut gerechtfertigt: Hoet hat wirklich alles aufgespürt, was 1992 der Rede wert war. Er bot einige der größten unter den noch konventionell arbeitenden Malern auf

(Per Kirkeby, Susan Rothenberg), die besten Medienkünstler (Bruce Nauman, Bill Viola, Gary Hill) und die interessantesten US-Youngsters von Robert Gober über Matthew Barney bis Mike Kelley. Sein Abenteuer verschlang 19 Millionen Mark (9,7 Millionen Euro) und zog 609 235 Besucher an. Kein Defizit wurde bekannt.

1997: documenta 10

21. Juni bis 28. September 1997

Museum Fridericianum, documenta-Halle, Ottoneum, Orangerie, Kulturbahnhof, Bahnhofsplatz-Unterführung, Läden Treppenstraße

Künstlerische Leitung: Catherine David

General Assistant: Hortensia Völckers

Berater: François Chevrier

Ausstellungsassistenz: Véronique Dabin, Thomas Mulcaire

Presse: Maribel Königer

Architektur: Christian Jabornegg, András Pálffy

Die erste Frau auf dem Chefsessel machte vieles anders. Statt einer Kunstausstellung mit Beiprogramm organisierte die Französin Catherine David in Kassel eine Art Kongress mit Kunst-Beigaben, den sie als »Manifestation culturelle« bezeichnete. Zwar zeigte die Allein-Kuratorin 569 Werke von 138 Künstlern aus 27 Ländern. Doch diente diese Schau weniger der Information über den Zustand der bildenden Kunst am Ende des Jahrtausends als vielmehr einer »kritischen Auseinandersetzung mit der Gegenwart« (David) in Gestalt von Reden und gedruckten Texten. Hauptthemenfelder: »Urbanismus, Territorium, Identität, Bürgerrechte, ›sozialer Nationalstaat‹, Staat und Rassismus, Globalisierung der Märkte, Universalismus und Kulturalismus«. Darüber referierten in Kassel an 100 Tagen 100 internationale Experten. Ergänzt wurde dieses Seminar durch eine drei

Kilo schwere Materialsammlung für 90 Mark, die den Katalog ersetzte. Die Ausstellung illustrierte diesen Diskurs sodann mit meist sozialkritischen Fotos, Videos und Installationen, unter denen es neben wenigen Aktualitäten auch umfangreiche Reprisen von Heroen der Avantgarde gab (Helio Oiticica, Walker Evans, Oyvind Fahlström, Michelangelo Pistoletto). Dennoch endete auch diese eher spröde, aber durch viele Führungen und Medienbeiträge intensiv vermittelte documenta mit Rekorden: 631000 Besucher, von denen 72 Prozent sagten, sie kämen gern wieder. Kosten: 21,5 Millionen Mark (10,9 Millionen Euro), Überschuss 1,4 Millionen Mark – damit auch wirtschaftlich die erfolgreichste documenta.

2002: Vorschau Documenta 11

8. Juni bis 15. September 2002

Museum Fridericianum, Kulturbahnhof, documenta-Halle, Orangerie und Auepark, ehemalige Binding-Brauerei

Künstlerische Leitung: Okwui Enwezor

Co-Kuratorinnen und -kuratoren: Carlos Basualdo, Ute Meta Bauer, Susanne Ghez, Sarat Maharaj, Mark Nash, Octavio Zaya

Leiter der Kommunikation: Markus Müller

Ausstellungsarchitektur: Wilfried Kühn, Simona Malvezzi

Auch der in Nigeria geborene Amerikaner Okwui Enwezor versteht seine (erstmals groß geschriebene) Documenta primär als kritischen Diskurs. Doch im Gegensatz zur d10 seiner Vorgängerin Catherine David diskutierte er »die zeitgenössischen Problematiken von Kunst, Politik und Gesellschaft« zunächst nicht in Kassel, sondern an fernen Brennpunkten. Seit dem 15. März 2001 – von Enwezor offiziell zum D11-Beginn erklärt – debattierten Experten und Betroffene auf so genannten »Plattformen« (Symposien) in Wien und Berlin über »Demokratie als unvollendeter Prozess«

(Plattform 1) und erörterten in Neu-Delhi »Experimente mit der Wahrheit: Rechtssysteme im Wandel und die Prozesse der Wahrheitsfindung und Versöhnung« (Plattform 2). Um »Créolité und Kreolisierung«, also um Fragen der kulturellen Vermischung, ging es auf der Karibik-Insel St. Lucia (Plattform 3), und bei der Plattform 4 in Lagos (Nigeria) kamen Zustand und Chancen der afrikanischen Metropolen Freetown, Johannesburg, Kinshasa und Lagos ins Visier. Motto: »Unter Belagerung«.

Die gewohnte Ausstellung firmiert in Enwezors Konzept als »Plattform 5«. Über 100 Künstlerinnen und Künstler aller Generationen aus der ganzen Welt sollen in Kassel mit ihren Mitteln 100 Tage lang die vorangegangenen Plattformen durch »Orte des Engagements und der öffentlichen Debatte« komplettieren und ergänzen. Dafür haben sie eine Menge Platz, denn neben dem Fridericianum (5000 Quadratmeter) gewinnen sie in der ehemaligen Binding-Brauerei nochmals 10000 Quadratmeter hinzu. Geplant sind außerdem Konzerte und Performances der eingeladenen Künstler sowie ein Filmprogramm zu Themen der Plattformen.

Etat: über 12 Millionen Euro für Plattform 5, davon 60 bis 70 Prozent Eigenfinanzierung durch Eintrittsgelder, Provisionen, Lizenzen und Sponsoren. – Plattformen 1–4 finanziert von internationalen Kulturstiftungen.

Literatur & Adressen

documenta allgemein und Arnold Bode

Bettina Becker: Arnold Bode. Ein Mann mit Eigenschaften. Kassel 1989

Karl Oskar Blase, Ela Spornitz (Hg.): Arnold Bode zum 75. Geburtstag, Kassel 1975

CD-ROM des documenta-Archivs Kassel für Windows und Mac: documenta-Documenta 1-9, Würzburg 1997

documenta-Archiv mit Florian Matzner (Hg.): Künstlerlexikon mit Registern zur documenta 1-8. Kassel 1987

Walter Grasskamp (Hg.): Mythos documenta. Ein Bilderbuch zur Kunstgeschichte, Köln 1982 (Band 49 der Zeitschrift »Kunstforum international«)

Werner Hahn: documenta vor Gericht. Eine Initiative zur Reform des staatlichen Kunstbetriebs. Gladenbach 1997

Marianne Heinz (Hg.): Arnold Bode – Leben und Werk, Wolfratshausen 2000

Harald Kimpel: documenta – Mythos und Wirklichkeit, Köln 1997

Lothar Orzechowski (Hg.): Arnold Bode – documenta Kassel, Kassel 1986

Volker Rattemeyer (Hg.): documenta – Trendmaker im internationalen Kunstbetrieb?, Kassel 1984

Manfred Schneckenburger (Hg.): documenta – Idee und Institution, München 1983

Dieter Westecker (Hg.): documenta-Dokumente 1955–1968, Kassel 1972

documenta – einzelne Ausstellungen

Bernhard Balkenhol, Heiner Georgsdorf (Hg.): x mal documenta X. Ein *Nach*Lesebuch zur 10. documenta, Kassel 1998

Arnold Bode: Skulpturen, Environment, Design. Konzept für das Oktogon zur documenta 6 Kassel. In: Hessischer Museumsverband (Hg.): Aus hessischen Museen, Band 1, Kassel 1975

Catherine David, Jean-François Chévrier (Hg.): Politics – Poetics. Das Buch zur documenta X, Ostfildern-Ruit 1997

documenta-Archiv (Hg.): Künstlerindex zur documenta IX. Ostfildern-Ruit 1995

Walter Grasskamp: documenta – kunst des XX. jahrhunderts. In: Bernd Klüser, Katharina Hegewisch (Hg.): Die Kunst der Ausstellung, Frankfurt/Main 1991

Jan Hoet: Auf dem Weg zur documenta IX, Ostfildern-Ruit 1991

Georg Jappe (Hg.): Talk show der documenta 6, Köln 1977 (»Kunstforum international«, Band 21).
Die Bände 53/54, 90, 119 und 138 dokumentieren d7 bis d10.

Harald Kimpel, Karin Stengel: documenta 1955. Eine fotografische Rekonstruktion, Bremen 1995

Harald Kimpel, Karin Stengel: documenta 2 1959. Eine fotografische Rekonstruktion, Bremen 2000

Roland Nachtigäller, Friedhelm Scharf, Karin Stengel (Hg.): Wiedervorlage d5, Ostfildern-Ruit 2001

Curt Schweicher: Die Kunst ist tot – es lebe die Kunst. Krefeld o.J. [1960]

Klaus Staeck (Hg.): Befragung der documenta oder Die Kunst soll schön bleiben, Göttingen 1972

Werner Stehr, Johannes Kirschenmann (Hg.): Materialien zur documenta 7, Kassel 1982 (Von diesen Herausgebern auch jeweils Materialienbände zu d8 bis d10).

Horst Wackerbarth (Hg.): Kunst und Medien – Materialien zur documenta 6, Kassel 1977

Kurt Winkler: II. documenta '59 – Kunst nach 1945. In: Berlinische Galerie (Hg.): Stationen der Moderne, Berlin 1988/89

Ulrike Wollenhaupt-Schmidt: documenta 1955. Eine Ausstellung im Spannungsfeld der Auseinandersetzungen um die Kunst der Avantgarde 1945–1960, Frankfurt/Main 1994

(Zu jeder documenta mit Ausnahme der d10 erschienen Kataloge. Dem »Buch zur documenta X« liegt eine Werkliste bei.)

Adressen

documenta

Friedrichsplatz 18
34117 Kassel

Geschäftsführer Bernd Leifeld

Tel.: +49(0)561707270
Fax: +49(0)5617072739

E-Mail: office@documenta.de
Internet: www.documenta.de

documenta-Archiv der Stadt Kassel

Untere Karlsstraße 4
34117 Kassel

Leiterin Karin Stengel

Tel.: +49(0)5617874022
Fax: +49(0)5617874028

E-Mail: info@documentaarchiv.de
Internet: www.documentaarchiv.de

documenta-Forum e.V.

Postanschrift: Raabestraße 10
c/o Walter Spötter
34119 Kassel

Tel. +49(0)5617071714
Fax +49(0)5617071715

Vorsitzender: Dr. Harald Kimpel

Das documenta-Forum ist ein privater, noch von Arnold Bode mitbegründeter Förderverein der documenta.

eva Wissen 3000

J. Renner: **1968**
K. Kopp: **Asyl**
V. Redak/B. Weber: **Börse**
B. Rudhof: **Design**
M. Krauß: **Doping**
H. Schmidt-Semisch/F. Nolte: **Drogen**
Th. Seibert: **Existenzialismus**
R. Strobach: **EXPO 2000**
H. Blecher: **Fotojournalismus**
S. Riewenherm: **Gentechnologie**
Th. Schroedter: **Globalisierung**
B. Gröndahl: **Hacker**
H. U. Dillmann: **Jüdisches Leben nach 1945**
St. Lanz/J. Becker: **Metropolen**
M. Terkessidis: **Migranten**
I. Arns: **Netzkulturen**
H. Koch: **New Economy**
O. Diederichs: **Polizei**
M. Büsser: **Pop-Art**
Th. Ernst: **Popliteratur**
M. Büsser: **Popmusik**
K. Leyrer: **Sexualität**
M. Feige: **Science Fiction**
J. Müller: **Sozialismus**
W. Sager: **Wasser**

Bildnachweise:

Alle Fotos, ausgenommen S. 50/51, stammen aus dem documenta-Archiv:
S. 11, 21, 23, 31, 57: Günther Becker; S. 17: Werner Lengemann; S. 39: Dr. Boehlke; S. 42: Renate Lehning; S. 43: Dirk Bleicker; S. 50/51, 67: Dieter Schwerdtle; S. 54: Gitty Darugar; S. 55: Richard Kasiewicz; S. 68: G. Freitag; S. 75: Stadt- und Kreisbildstelle; S. 79: Petra Matzat

Leider konnten nicht immer die Fotografen/Rechteinhaber ermittelt werden.
In diesen Fällen sind Autor und Verlag dankbar für Hinweise.
Berechtigte Ansprüche werden im Rahmen des Üblichen abgegolten.

Die Deutsche Bibliothek – CIP-Einheitsaufnahme

Ein Titeldatensatz für diese Publikation ist bei
Der Deutschen Bibliothek erhältlich

Umschlag: projekt® / Philipp Starke
Foto: Jonathan Borofsky »Man Walking to the Sky«, ©Friedrich Haun
Herstellung: Das Herstellungsbüro, Hamburg
Druck und Bindung: Fuldaer Verlagsagentur

Printed in Germany
ISBN 3-434-46111-6

Informationen zu unseren Verlagsprogrammen finden Sie
im Internet unter www.sabine-groenewold-verlage.de